私の食べ歩き

わが食いしん坊

私は、日本酒と、ブドー酒が好きなごとく、料理は、日本料理と、フランス料理が、口に合う。

先年、久々でパリに出かけた時も、タノシミは、飲むことと、食うことにあった。しかし、年はとるまいもので、レストランへ行っても、一リットル壜のブドー酒を、持てあますのである。昔は、一人で、白と赤の二壜飲んだこともある。今度は、半壜《ドミ》がちょうどいい。あの半壜というやつは、後家さんが一人で飯を食いにいく時に注文するようなもので、いかにも景気が悪い。私は好かなかったが、飲めないものは仕方がない。ところが、周囲を見ると、フランス人の客でも、一本注文してるのは、せいぜい、二人連れである。以前のように、首にナプキンを結んで、一本を前にして、悦に入ってるような、大飲大食型《グウルマン》は減少した。何か、皆、体裁よく食事をすることを、心がけてるようだった。もっとも、戦争の祟《たた》りで、酒も落ちた。味は、ちっとマシでも、香りのいいのは、滅多にない。だいぶ酔ったが、もう一本追加したいと欲するような香味双絶品には、一度もブッからなかった。

料理の方も、同じことで——いやいや、またぞろ、フランスを悪くいう気はない。先年、帰朝直後に、今《こん》チャンと『文藝春秋』で対談して、少しばかりパリの悪口を列べたら、驚くべき反感を買ってしまった。昨今に至っても、まだあの言説が祟っている。天皇を罵るとも、パリの悪口をいう勿れ。そういう国情とも知らなかったので、つい、正直なことをいったが、その後は慎しんでいる。今度は慎しみながら、正直なことをいうが、フランス料理は、やはりフランスがウマい。川口松太郎説のごとくニューヨークのフランス料理が格段とも思われないし、ましてや、某氏説のごとく、銀座のフランス料理の方がウマいなぞ、夢々考えない。肉や魚が、日本の方がウマいという事実があるかも知れないが、その材料が、直ちにフランス料理に向くとは限らない。松阪の牛肉、世界に冠絶するかも知れないが、シャトウ・ブリヤンかアントルコートくらいにしか使えない。料理によっては、大味な身どころも欲しい。また、牛肉だけウマくても仕様がない。豚や鶏は、国産また佳なりとしても、犢《こうし》や、羊肉や、兎肉は、フランスほどにはいかない。魚類だって、カキや舌平目は、向うの方がウマい。魯山人《ろさんじん》はフランスに烏貝《からすがい》しかないようなことをいってるが、どう致しまして、蛤《はまぐり》も、平貝も、ウニも食う。生ウニをカラのまま、テーブルに持ってくる食い方なぞ、むしろ日本的で、学ぶべしである。野菜も、豆類、サラダ類は、洋食用として匹敵しがたい。その上、調理用酒類、香料、調味のバター、チーズ、オリーブ油、みんなアチラの品物がよく、豊富であるから、元来、これは勝負にならないのである。また、日本のコックさんが、世界一の素質ありとの秋山大膳頭《あきやまだいぜんのかみ》説、強いて否定もしないが、私はそのコックさんが、フランス人の女房でも持ち、アチラに永住する場合のことで、銀座に住んでいては、やはり、実力発揮がむつかしいと思う。これは、食う方の側からいっても同じことで、飛行機から降りて、すぐ駆けつけたような料理店で、ウマいものを味わおうたって、ムリな相談である。料理は、極めて日常的な、落ちついたキモチで食うべきであって、旅先の慌《あわた》だしさや、過度の好奇心なぞは、いずれも、味到を妨げる。だから、本来、人間は自分の国で、自分の国の料理を食ってればいいので、外国へ行って飲食を是非するのはマチガイであり、飢さえ充たしていればいいようなものである。

　しかし、そんなことをいっては話にならないから、久振りにパリに行って、何が食いたかったというと、美食案内記に星が三つ付いたような、高級料理店の料理よりも、昔、日常的なキモチで、何気なく食った、安飯屋の安料理であった。一つには、そういう料理が、日本にない。銀座のフランス料理は、三ッ星流を汲々として模してるから、ザッカケない料理は、食わしてくれない。しかし、フランスの惣菜料理には、まったく捨てがたい味があって、食えないとなると、実に食いたい。パリに着いたら、その日から食えると愉しみにしていたのであるが、すっかりアテが外れた。いろいろの意味で、パリが銀座化してきたというような悪口は、慎しむとして、安料理屋の安料理が向上してきたのは、迷惑この上もなかった。中でも食いたいのが、ヴォウ・ソーテ。犢の肉の悪いところを、皮つき、骨つきで、ブツ切りにして、白ブドー酒その他で煮込んだやつ——安料理だが、鯛の塩焼より、アラ煮の方が好きだという人には、ピッタリするウマさである。それが食いたくて、方々の安飯屋へ飛び込むが、どこのメニュにもない。昔はまた、ヤタラに食わせたものである。

一日、宮田、益田、佐藤なぞの画家連中と、サロン・ド・メエかなんか観て、午飯時となり、近所で飯を食おうとなったが、彼らも、安くてウマく食おうという不逞漢ばかりで、純白のテーブル・クロスのかかった料亭などに、入る了見がない。やがて、宮田がセーヌ河岸へ降りる横丁に、タキシの運転手でも集りそうな、薄汚い一軒に眼をつけた。私のカンも宮田の選択に一致し、一同飛び込んでみると、店内の模様から客種に至るまで、昔の安飯屋がソックリ残っていた。そして、メニュを見ると、待望のヴォウ・ソーテがある。〆めたと、赤大根の前菜と一緒に注文して、レッテルなしの安酒とともに味わったら、われパリに来たりの感が、シミジミと湧いてきた。

そのヴォウ・ソーテは、そうデキがよくもなかったけれど、ゲテ味が乏しくなったパリでは、記憶に残った。皇太子なぞも出かけたポール軒も、三ツ星流でないところが珍重に値いするが、少し流行《はや》り過ぎる、まず、昔の「花村」というところだろう。逆説的にいえば、私はもっとまずい安料理が食べたく、その後も、高畠達四郎なんかと共に、左岸の裏町を探し歩いた。どうも画家は食いしん坊らしく、不潔を苦にしないから、他の有名人よりも、好伴侶だった。

何といっても、フランスで食うに限り、文句はいうものの食って損したとは思うことはなかった。結局、パッシイの行きつけの飯屋の飯を、一番よけい食べたが、馴染みの家のメニュは、大概見当がつくから、今日は何を食ってやろう、どんなブドー酒を飲んでやろうと、朝のうちから考えるのが、タノシミになった。つまり、自分の坐るテーブルもきまり、給仕女が今日のヨキ皿を教えてくれるようになれば、異国に在っても日常心が湧き、舌ナメズリぐらいするキモチが、出てくるのである。

とにかく、久々でフランス料理を味わって、本望であったが、同じ年に、日本でもウマいものにありつき、近年の口福に恵まれた。わが好食史において、一九五三年という年は、忘れられない。

フランスから持ち帰った芝居を、日本仕立てにして、まず関西で公演するので、京都に出かけたのだが、行く前に、京都の友人に通知をした。ご馳走をして下さるだろうが、懐石料理は平にゴメンと書いて置いた。というのは、行けば、その友人が相当の茶人で、黙っていると、瓢亭《ひさごてい》へでも連れて行くか、自宅で辻留の料理でも食わせるか、そんなところであった。瓢亭も辻留も、結構であるが、近年、東京で懐石風というべき関西料理がハビコリ、東京風料理を完全に駆逐した反感があって、フランス料理はニューヨークで食ってるから、パリで食うには及ばないというようなことを、一発放ってみたかったのである。

そして、京都でその友人に会うと、仰せに従って、懐石はやめにしたが、まずゴルフに行こうという。彼は茶人の癖に、私よりハンデが上の腕前だった。ははア、ゴルフで腹を空かせて置いて、芋棒でも食わせる了見かと思ったら、夕方、ゴルフ場から乗ったタキシは、紫野の大徳寺の境内へ着き、その塔頭《たっちゅう》の一つに入った時、彼は、今夜はここの精進料理を食わせると、私に明かした。その寺は、彼の家の菩提寺なのだそうである。

ゴルフの帰りに寺へ来たのは、私も始めてで、だいぶ勝手がちがったが、やがて、住職が現われて、お茶を立てた。私の友人と茶道仲間だそうだが、茶事恐縮の私を、一向脅迫しないサラサラした態度である。友人と世間話をしなから、気安く茶センを動かし、さアお上りと、茶碗を出す。菓子も、松風と大徳寺納豆で、ちっとも気取らない。

やがて、相客の大徳寺師家と、世間に名の聞えた塔頭の住職がくる。この住職は白髯《はくぜん》を垂らし、耳が遠い老人だが、

「わしは、若い時に、北原白秋という男と、女の取りッコをして、勝ちましたわい」

というようなことをいって、私を驚かせた。

そして、食事になる。真ッ赤な膳、真ッ赤な椀、真ッ赤なお平――大徳寺風の食器の豪勢な美しさに驚き、出てくるものの素晴らしいウマさに、驚いた。左に、ちょいとメニュを書いてみるが、これとて、献立表なんて料理屋めいたものが、出してあったわけではなく、帰りかけて、和尚さんに頼んで、一筆書いて貰ったのである。

木皿　揚昆布

汁　大徳寺納豆汁
　　白豆腐

平　東寺湯葉
　　椎茸
　　青味

木皿　大徳寺麩
　　　白須

飯

銀皿　儀勢豆腐
　　　笹麩（味噌あん）
　　　焼牛蒡
　　　百合根
　　　海苔巻

茶碗　栗麩
　　　あんかけ
　　　しょうが

茶碗　胡麻豆腐
　　　わさび醤油

二ノ汁　梅干
　　　　しょうが

漬物

右の品々、どれを食っても、みな結構。私も精進料理は好きな方で、先年、京都のある有名な家に行ったが、そこも、戦前阿佐ヶ谷にあった家も、失望を与えられた。ああいう精進料理よりも、私はシナ料理の精進料理の方が好きだ。といって、日本流の精進料理も、東京風のカンテンの寄せ物で、刺身を模したようなのはマッピラ。以前、飛驒の高山の「角正《かくしょう》」でなかなかウマいものを食った記憶があるだけである。ところが、この寺の料理は、従来食ったものとズバ抜けてウマい。中でも、東寺湯葉なんていうものは、なんともいえぬ味わいで、厚い巻湯葉の表面とシンとに均等に浸み込んだ温度と味とが、恍惚とさせた。ダシは何をと、和尚さんに聞くと、昆布だけ。ものによっては、味の素も使うが、極く少量ということだったが、昆布だけで、こんなよい味が出るのか。茄子《なす》の塩漬汁とか、大豆の煮汁とか、よく人のいう秘伝でもあるのかと、重ねて訊いたが、そんなもの使わんでも、結構、昆布でよい味が出ますと、和尚さん変哲もなく答える。

「一体、今夜の一番のご馳走は、何です」

と、私は不躾けに訊いてみると、和尚さんより先きに、大徳寺の師家と、有名塔頭の住職が口を揃えて、大徳寺麩《だいとくじぶ》だという。

その大徳寺麩は、大変手のかかる料理で、前々日くらいから準備をするのだそうだが、駄菓子のカリン糖を、砂糖抜きにして、湿気を食わせたようなシロモノで、異様な味であったが、随一の珍味なぞとは、いささかも感じなかった。むしろ、メニュの中の最も魅力なきものだった。しかし、相客たちの皿を見ると、皆、キレイに空になっている。

一体、坊さんたちのよく食うには、驚いた。師家は体格偉大だから当然だが、白秋と女を争ったと称する老住職が、白髯をパクパク動かして、食うこと、食うこと。禅宗坊主馬ほど食うという諺もあるが、彼らの健啖振りはミゴトだった。そのうち、和尚さんも、わしもお相伴しようかいなと、赤い膳を持ち出してきて、一緒に食べる。そしてしきりに酒を薦めてくれる。私もいい気持になって、大分、盃を重ねたが、和尚さんは飯椀で飲めという。師家も、それがいいという。坊主は早く飲んで、早く食う習慣があるから、わしらもそれで飲むことが多いという。冗談ではない。朱塗りの大椀にナミナミと注いだら、五合は入る。そんなものを飲んだら、再び開腹手術をしなければならないから、平に辞退したが、それでも気分は面白くなって、禅坊主はこんなウマいものばかり食って、怪しからんと、悪口をいうと、相客の二人の坊さんが大真面目で、平常はいかにまずいものを食ってるか、異口同音に列べ立てた。禅堂漬の恐るべき味は、私も知らないではないが、平素の大粗食家が、こういう素晴らしい料理人の腕を持ってるのは、まことに面白いことではないか。この寺の和尚さんが、どうして料理の腕を磨いたか、質問してみると、なに、先代が口のヤカマしい人で、子供の時から、自然と教えられただけだという。しかし、この寺に限ったことではない。寺の精進料理は、大体において、ウマいのである。禅宗坊さん、根は食いしん坊で、ただそれに執着せざるだけの話ではないかと考える。フランスでも、寺院でウマい酒やチーズをつくるし、坊さんの大飲大食家《グウルマン》は多いし、宗教的環境と美食とは、何か関係があるかも知れない。

　とにかく、この晩の食事は、堪能した。近来の口果報だったとともに、主人や相客の坊さんの態度が、最もよい意味の社交的で、快飲快食、一夜の饗宴として、一生にそう何度もないものと思った。

そして、帰りがけに、和尚さんは、私が大徳寺麩を食べ残したのを、いささか残念そうに、

「これは、五日や一週間保ちますから、東京へお持ち帰り下さい」

と分量を殖やして、折詰にしてくれた。

それを、帰宅してから、食事の時に、家の者に味わわせ、私も一箸ツマんでみると、まるで、別品のようにウマい。少し宛、食い欠いて、酒の肴にすると、シッコいようで、淡泊な、滋味いうべからざるものがある。もう女房に食わせるのはやめて、自分ばかりで食べてしまった。

ここのところの理窟が、よくわからない。大徳寺麩は、日を経るほどウマくなるなんて話は、聞いていない。恐らく、私はわが家で、完全なる日常心の許に、それを食ったから、美味を知るに至ったのだろう。あの時は、ずいぶん気楽になっていたつもりでも、ゴルフ帰りのお寺行きで、多少、マゴマゴしていたのかも知れない。

それにしても、あの時の料理と、同じ年に、パリで久振りに食った「ラペルウズ」の晩飯を比較してみると、どうもハッキリと、前者の方がウマかった。合鴨炙焼《キャナール・ロチ》と東寺湯葉とを、一緒に品隲《ひんしつ》するやつもないが、私個人がどっちがウマかったということはいえる。少

なくとも、どっちに満足したかということはいえる。

といって、私はフランス料理より、日本料理の方がウマいとか、日本料理のうちでもお寺の精進料理が一番ウマいとか、人に説く自信はテンデない。私はあのお寺の料理がウマかった最大の理由を、よく知ってる。それは、私がジイさんになったということ。つまり、極楽が近くなると、ビフテキや中トロより精進料理が好きになったり、坊さんと話すのが愉しくなるらしい。それは、味覚の向上とか、堕落に関係がなく、むしろ食慾衰弱の結果であろう。加うるに、入れ歯で硬いものは嚙めず、胃袋も半分チョン切られてしまっては、食物談義をする資格ありやなしや。しかし、自分にウマいものは、遠慮なく食っていく了見である。

昨日の美味は今日の美味にあらず

私が『文藝春秋』に「わが食いしん坊」という雑文を書いたら、福島慶子女史がそれを読んで、

「文六さんも、食慾が衰えたらしい」

と、批評したそうである。

もっとも、それを私に伝えたのは、大食漢カマタリのような宮田重雄であるから、彼自身の批判を、多分に混入してるかも知れない。彼は、未だに、ビフテキを二人前食うような男だから、お寺の精進料理がウマかったなぞという私の食慾を、軽蔑してるのであろう。

そういわれてみると——いや、みなくても、確かに、私の食慾は、減退してるらしい。一時のように、ウマいものに向うと、矢もタテもたまらないという勢いがなくなってしまった。その上、美味というものに対する懐疑主義が、年とともに発達する傾向さえある。

若い頃は、ウマいものは、ウマいのだと、考えていた。永遠悠久に、ウマいのだと考えていた。私が、四十ソコソコの頃に、美食家の伯父が、

「おい、今のうちに、中トロや、厚切りのビフテキを、沢山食べて置けよ」

と、いったことがあったが、何のことやら、よくわからなかった。中トロやビフテキのようなウマいものが、まずくなるというのは、美人が嫌いになるというようなもので、バカらしい予言だと思った。

　ところが、それから二十年後の今日、そろそろ、予言が的中しつつある。といってまだ、中トロやビフテキに、見向きもしないという所まではいかない。時には、結構である。ただ、是非とも食わねばならぬものではなくなった。つまり、いま求めている味ではないのである。

　こんな話は、わかりきったことで、誰の興味も誘わないだろう。年齢とともに、濃美より淡泊の味を欲するのは、万人共通の現象であり、殊に、日本人には、それが烈しい。枯淡美というやつが、日本人の芸術鑑賞上、何か高等なことになってるから、アッサリしたものが好きになったなんてことが、自慢になるらしい。なに一向、自慢どころではない。皆、私のように、食慾減退の結果か、生来の胃弱の現象に過ぎない。

　私は、そういう味覚の変化を、自慢や悲観の方面から眺めないが、自分自身の食に関することであるから、忽諸《こつしょ》にはしたくない。人間、ウマいものは、食わなくてはならない。自分が現に求めてるウマさというものは、是非とも、つきとめて置かねばならない。

　中トロやビフテキに、少し辟易気味だとわかったが、同時に、私はいわゆる珍味類にも、興味を失いかけている。

コノワタ、カラスミ、ウルカのようなものが、最もウマく感じたのは、いま考えてみて驚くのだが、私の二十代だった。あの種の味を、舌が覚えタテで、感動が深かったのかも知れない。アー、ウマイという嘆声を、よく心に発した。三十代——四十代まで、好物として続いた。

若い頃、私は、現在より高級な酒客だった。コノワタなぞ舐めるだけで、下物《さかな》を必要とせず、チビチビ飲みを、長く続けた。

「ほかに取柄はないが、酒を静かに飲むことだけは、知っている」

酒客の伯父が私を賞めてくれたことがあった。それが、二十代の話だとすると、ちと、キザの感がなくもない。

近頃は、その時分の半分の酒量もないが、それでいて、コップやグイノミを用いることもある。また、飲むテンポも、かなり速くなった。下物も、パクパク食う。一つは、外国生活の影響と考えられるが、酒客をもって任ずるような心持が、サッパリなくなったからだと思う。酒客なんて言葉からして、あまり嬉しくなくなった。

それと同様、食通だとか、美食家だとかいう言葉も、私自身には無興味となった。コレでなければ食えないとか、アノ店に限るというようなことを、クドくいう気になれなくなった。名ある店のものが、デパートの食品よりまずくないことは確かだが、いつも、変りない美味を与えてくれるかというと、なかなかそうはいかない。先方の出来不出来があり、こっちの気分と腹工合がある。双方の条件が合した場合、ウマいという嘆声が出るのであるが、滅多にあることではない。名店のノレンは尊敬するが、こっちの気分というやつは、もっと重要らしい。早い話が、座談会なぞで名店料理を食っても、砂を嚙むがごときものだ。若い頃は、そういう店のものが、必ずウマかったが、あれは食慾旺盛の現象か、それとも、一種の偶像崇拝か、どちらかであったろう。

コレに限るという食物がなくなったことにも、われながら驚くのである。数十年来一貫しての好物といえば、ソバと鮎ぐらいのものであろう。それとても、ソバのうまい店が、戦後少なくなって、無いものネダリで、欲してるのかも知れず、鮎に至っては、あれが季節魚だからいいので、鰺のように、年中食えるものだったら、疾《とう》に飽きてしまってるだろう。

これだけは、一生好きだろうと思った豆腐さえ、一時のような愛着はなくなった。目下は、むしろ、油揚げ、ガンモドキの方に興味がある。

実際、これでは、お話にならない。味覚雑誌に原稿を書く資格は、てんから無いのである。ナッパの煮たの、ヒジキの煮たの、そんなものが、時にウマいと思うこともあるが、これも偶然である。何かの拍子で、家人の料理が、こっちの求める味に合った時の話に過ぎない。月に一度も覚束ない現象である。

大体において、世間で粗食といわれるものの方が、口に合うようになったことは事実である。逆説的にいえば、まずいものほどウマくなったともいえる。しかし、そんなことも、滅多に口に出していうものではないと、痛感したことがあった。

この間、ある実業家たちと、温泉へ行ったのである。宿は、その温泉町でも、指折りの家だった。着いた夜に、ゴテゴテと、膳の上に品数が列んだ。例によって、例のごとき料理ばかりである。看板からいっても、もうちょっと、気を利かしてもいいと、私も腹の中で思った。

すると、一人の実業家君が、古い馴染みらしい横柄さで、女将に向い、

「おい、食えもしないものばかり、列べ立てたな。わしは、ヒジキと油揚げの煮たのが食いたい。すぐ、こしらえなさい」

と、いった。

それを聞くと、私は、ゾッと、寒気を感じた。

旅館の料理が鼻につくのは、誰しも経験するところだが、なにも、着いた晩から、ヒジキが食いたくならなくてもいい。いかにも、珍味佳肴に食い飽きているがごときセリフである。そんなことを、平気でいうから、実業家なんて、嫌いになる。

それ以来、私は、いかなる場合にも、ヒジキやナッパが好きだということを、人にいわぬことにしている。ましてや、粗食美味論なんてことを、軽々に口外すべきではない。一

体、昨日の美味は、今日の美味にあらず。明日は何が好きになるか知れたもんではない。美味求真というが、そんな真があるだろうか。「味覚の生理学」を書いたブリア・サヴァランも、食を論ずること審《つまび》らかであるが、味を論ずるの愚は、避けてるようだ。

一番食べたいもの

私がいま一番食べたいものを、左に列記する。

一　ヒジキと油揚げの煮たの。
一　ゼンマイの煮たの。
一　キリボシの煮たの。
一　ナッパの煮たの。

われながら、貧乏くさい食物ばかりで、恐縮であるが、そういうものがウマく、そういうものが食べたいのだから、仕方がない。

そんなものなら、誰にも料理ができるから、不足はなかろうと考える人もあろうが、どう致しまして、ヒジキやゼンマイやキリボシを、上手に煮て食わして貰ったことは、一度もない。細君や女中さんは、こういう料理を軽蔑するから、いつまで経っても、腕前が上達するわけがない。それなら名ある精進料理屋へ行ったら、本望を達するかというと、そうもいかない。精進料理屋では、そんなオソマツなものを出さないが、特に頼んで調理して貰ったとしても、私の望む味とはならないだろう。これは惣菜料理であって、板前さんの腕がよければよいほど、ちがった味に外れてしまうだろう。

私も、昔から、そんな貧乏くさい料理が、好きなわけではなかった。やはり、有名割烹店の料理に随喜したのであるが、この頃は、どうもプロの料理に、魅力を感じなくなった。料理屋の食事が、二日続くと、もうイヤになる。殊に、食器や盛り方で、眼を奪うような料理は、反感をさえ起す。そういう料理をノン・プロが真似たりするのを見ると、嘔吐を催す。

反対に、私は惣菜料理に、ひどく魅力を感じてきた。昔、母親がつくってくれたような飾り気のない、親切なノン・プロ料理が、食べたくて仕方がない。ところが、そういう料理を、細君も女中さんも、一向、食わしてくれない。彼女らは、料理屋の料理か、婦人雑誌の口絵に出ているような料理を、ウマいと心得ている。私はその反対の料理が、ウマいと考えてるのだから、話の合いようはない。

ヒジキもゼンマイも、所詮、わが家では絶望と思うから、私は、想像によって、味覚を充たすほかはない。

それは、さぞウマいだろうと想像する料理が、一つある。以前、鍋井克之氏か誰かの随筆で、読んだことのある料理である。

大津あたりの寺で、坊さんが丹精して、菜をつくる。何のナッパだか記憶しないが、とにかく苦心して、八百屋で売っていないような、美事な菜をつくる。また、その寺の門前の豆腐屋で、その料理に用いるために、特別に調製する油揚げがある。その両者を、鉄鍋で長いことかかって、煮る。それだけである。つまり、ナッパと油揚げの煮たのである。

しかし、こいつは、ウマいだろうと思う。その随筆の筆者も、口を極めて賞めていたが、私も天上の美味と想像する。惣菜料理の極北のようなものであるにちがいない。

私は、そんな料理が食べたい。

惣菜料理らしい惣菜料理のウマいのが、食べたい。

ところが、この最も質素なる慾望が、現在の日本では、無いもののネダリの贅沢に類する結果を生ずるとしたら、実にヘンなものである。確かに、日本は堕落している。

アジの味

アジという魚のウマさを知ったのは、二十余年前、小田原の旅館に着いて、すぐ、ビールが飲みたくなって、注文したら、ツマミモノに、少量のスノモノを添えてきた。これが、ひどくウマかった。何だと、聞いたら、アジです、という。へえ、アジがこんなにウマいかと、驚いた。夕飯の膳に、いろいろ出たが、そのどれよりも、そのスノモノがウマかった。

それまでは、アジの味を知らなかったようなものだ。それから、東京へ帰って、スシを食う時には、いつも、アジにした。小田原の時ほど、ウマくなかったにしろ、コハダなんかより、好きになった。

この頃、年をとってくると、アジという魚が、いよいよ、舌に合ってくる。イワシも悪くないけれど、少し、胃にドギつい。キスは、ちょっと軽すぎる。アジがちょうどいいのだが、東京のアジは鮮度が乏しい。

アジはスノモノか、一塩のヒモノが一番だが、大磯の家へ行くと、手伝いの婆さんが、スノモノをウマくつくる。塩でしめる呼吸を知ってるのだが、もともと、大磯のアジは、ウマいのである。

そのくせ、大磯のスシ屋は、アジを使わない。私は、わざわざ、注文してつくらせるのだが、なぜ、アジを使わないかと、スシ屋のオヤジに聞いたら、あんなものは、土地の者が喜びませんと答えた。大磯では、沢山アジがとれるので、ご馳走の部に入らないのだという。コハダは、土地でとれないから、使うのだという。

バカな話だと思った。

そこへいくと、小田原の国道に面したあるスシ屋は、アジのスシを売物にしている。そのスシ屋には、ずいぶん前から、箱根の帰りに寄ってるが、私はいつも、地でとれるものを注文した。東京の人は、みんなそういうと、オヤジがいっていた。それで、東京の人を喜ばすつもりで、アジ・ズシを研究したのか、数年前から、アジばかりの皿を出すようになった。

これが、非常にウマい。東京の有名なスシ屋のアジのスシよりも、ずっとウマい。私は、よくしめたアジ・ズシが好きなのだが、この店のは、その反対であるのに、大変ウマい。まず、アジのスシでは、この店のが最高だと、折紙がつけられる。

アジがウマくなるのは、五月ごろからであるが、その頃から盛夏まで、大磯の家へ行くと、私はアジばかり食ってる。

　ところが、今年は、五月ごろから食べ始めても、一向に、ウマくない。どうも、水っぽい。そして、身がグニャグニャして、思うように、しまらない。

　私は、四国に疎開してる時に、ビッタレ・カマスというのを食べた。新鮮で、形のいいカマスなのだが、焼いても、火の通りが悪く、身がグニャグニャして、味も悪い。このカマスはまずいなと、魚屋にいうと、ビッタレだから、仕方がありませんと答えた。

　ビッタレとは、どういう意味だか知らないが、季節や潮流の関係で、そういうカマスがとれるのだという。

　今年の大磯のアジの味は、ビッタレの感じが強い。こんなことは、始めてである。しかし、私も、自分の感覚を絶対と考えられない年齢に達していた。ほんとは、ウマいのだが、こっちの舌のせいで、まずいのかと、考えていた。

　ところが、何度食べても、まずいのである。手伝い婆さんは、いつもと同じ方法で、スノモノをつくってるという。アジの鮮度も、いつも、目が黒々としたのを、用いている。

「今年のアジは、どうも、まずいな」

　私は、ついに魚屋のオヤジにいってやったが、そんなはずはありませんと、取り上げてくれなかった。

　数日前に、私は、新橋のある有名なスシ屋に入る機会があった。スシ屋のオヤジというものは、魚屋のオヤジよりも、魚の鑑識にすぐれているから、私は質問した。

「今年のアジは、どうも、まずいと思うんだけれど……」

するとオヤジは言下に答えた。

「そうなんですよ。どこのアジを使ってみても、どうも、いけないんです」

私は、それを聞いて、満足した。アジがまずいのに、満足したわけではない。自分の一人合点でなかったことに、満足したのである。

しかし、満足は長く続かなかった。

毎年同じような味だったアジが、どうして、今年はまずくなったのか。事、小なりといえども、これは、何かの異変である。潮流の変化か。プランクトンの減少か。いや、そんな理由なら他の魚だって、一様にまずくなるはずである。現に、そのスシ屋で食ったカンパチは、近来になくウマかった。

アジの味だけが、まずくなる理由は何か。

そのナゾが、どうしても解けない。不安は、雪ダルマのように、大きくなるばかりである。誇張していうと、私は、夜も眠れないのである。

私が悪いのか。世の中が悪いのか。

煮ざかな

生で食え、焼いて食え、捨てるなら、煮て食え——そんなことをいう。魚は、実際そうである。新しい魚が手に入る大磯に住んでいると、まったく、その感が深い。新しい魚は、サシミか塩焼がウマい。しかし、煮ざかなだってそうバカにしたものだろうか。

若い頃、東京の小料理屋へ行くと、塗り板に墨で書いた品書きを持ってきたが、今は上品になって、あんなことをしない。あの塗り板も懐しいが、しまいの方に、きまって煮ざかなと書いてあった。あれも懐しい。

私は、その煮ざかなを、一度も注文した記憶がない。煮ざかなを、ヤボなりとして軽蔑していた証拠である。煮ざかなナンかで、酒が飲めるか、なぞと思い込んでいたのだろう。今、少し残念に思っている。あの頃の、東京風の煮ざかなの煮方が、昨今とても懐しい。銚子だの、野田だのの醬油の味を生かして、濃く、そしてサッと煮た魚は悪くないものである。関西の人はマッピラだろうけれど。

鮫洲の川崎屋に、芝煮というものがあった。これは煮ざかなだけれど、キスやハゼのような小魚を、ショーガを沢山入れて、サッと煮たもので、酒のさかなになった。

しかし、何といっても煮ざかなは、飯のオカズである。私は子供の時から煮ざかなを、あまり好かなかったが、急に食べるようになった。

それはある夏、腰越の漁師の家を借りて、家の者と出かけたら、午飯にそこのオカミさんがご飯を炊いて、カレイの煮ざかなと、タクワンを出してくれた。まだ、家の者が炊事をする準備が整わなかったからである。その前に、泳いで腹を空かしたからだろうか、その煮ざかなとタクワンが、滅法にウマくて、それから煮ざかなが食えるようになった。

あんな煮ざかなが食いたいといつも思った。大人になってもそう思った。つまり、家で食う煮ざかなが、ウマくないのである。

ところが、私が外国から帰って、母の代からいる老婢を雇い入れた。この婆さん、まったくガサツ者で、料理なんておよそ不得手なのだが、不思議と煮ざかなだけは上手なのである。当時、私は京王沿線に住んでいて、べつに新しい魚を売ってるわけはない。それがその婆さんの手にかかると、グッと味が引ッ立つのである。あんまり不思議だから、どうして煮るのか見せろというと、何も秘術はないという。現物を見たが、確かに秘術も何もない。水の代りに酒《さか》シオを入れて、強火でサッと煮るだけである。どうも火を止める時機を、ガサツ婆さんが妙なカンで、心得ているのではないかと思った。それなら、そのカンが他の料理に適用するかというと、煮ざかな以外のものは全部ダメなのである。

その後、ずいぶん料理のうまい人に、煮ざかなをこしらえて貰っても、あの婆さんの右に出るものはなかった。してみると、煮ざかなは、なかなかむつかしい料理なのではないか。ヤボな料理のむつかしさというものが、あるのではないか。

東京のフグ

原爆で死ぬのも一生。

フグで命をとられるのも一生。

そう考えれば、度胸がすわって、東京都内に安住できるのであるが、しかし、フグで命をとられることは昨今、相当の難事となった。

まず第一に、フグ料理が非常に高い。カニ料理だの、フグ料理なぞというものは、少なくとも東京では下賤のものであった。ショウサイ・ナベと称して、刺青なぞした連中の好む縄ノレン料理であった。ショウサイ・フグであるから味は劣るが、中毒の心配はなかった。フグが高級料理になったのは前回大戦後のゼイタク時代に、下関から特急客車便で取寄せたりしたからで、後には飛行機で運ばれたこともあった。本場のフグであるから、ショウサイよりウマいにちがいないが、氷詰めになって、水ッぽいという人もあった。しかし一躍高級料理として名をはせ、フグを食わねば時代人でない観も呈した。

戦争中には、見栄もなく、実質的料理が流行《はや》ったので、戦後もその余波をひき、フグのごときはどうかと思ったら、昨今またひどく台頭してきた。食物も一通り出廻って、フグのごとき淡美の味が要求されるのであろうか。それとも、麻薬やヒロポンを好む戦後趣味が、フグに手を出させるのであろうか。どっちにしても、フグ食う人の懐具合はよろしいとみえて、戦前以上の高価な料理となった。一般人は近寄れずとなったら、フグで命をとられることもむつかしい。

その上、このごろのフグは食っても無事だといわれる。東京都フグ料理師試験というものができて、それに合格したイタマエでないと商売ができないという。試験問題はテトロドトキシンをストレプトマイシンやオバホルモンなぞの薬名とともに書き、どれがフグ毒であるか当てさせた。ずいぶん人を愚にした試験問題で、憤慨した受験者がなかったのが不思議である。一体テトロドトキシンの名を知っていたところで、フグ中毒を防げるわけのものでもない。また可食部分の問題でも、異議が出るのが当然である。人により、地方により、あれほど異説紛々たるものはない。一番安全なのはフグのどの部分も食わないということになる。しかしフグさえ食わなければ中毒はないかというと、そうもいかない。このごろはタコも、タラコも、オハギさえ中毒作用を持っている。フグなぞは安全の方である。しかも国家が調理師試験をして、合格者の料理を食ってれば安全と保証をつけてくれてるのだから、これは信じていいだろう。そうかといって、東京が安住の都となったわけではない。

どぜう

〝どぜう〟なんて書くのは、法度だろう。

どじょうと書くのかも知れないし、また、特に旧かな使いを主張する小生ではないが、泥鰌《どじょう》だけは〝どぜう〟あるいは〝どせう〟でないと、食い気が起こらない。

駒形のどぜう屋は、大きな字で〝どぜう〟と書いて、文部省の眉をひそめさせている。といって、〝どぜう〟の好きな役人もいるだろうから、あの店へ行って、文句もいわずに、丸鍋《まるなべ》か何か食ってるだろう。

私は、あの店が好きで、若いころから出かけている。ある雑誌から、〝東京の好きな一隅〟という問いを出されて、私は、駒形のどぜう屋か、神田のヤブの店内の一角という答えを書いたが、それは、青天の下に、東京の好きな一隅を失った悲しみを、訴えると同時に、両店の混雑する店さきが、不思議と、私に落ちつきを与える事実をいいたかったのだ。ああいう店で、一本か二本の酒を明ける間の心のしずまりは、ちょっと、他に求められぬものがある。

毎年、盛夏になると、S社の社長が、私を駒形に連れて行くならわしがあったが、近年、井上靖君も加わるようになった。

井上君は、最初、マルの鍋を気味悪がって、柳川か何か食べていたが、私たちが、あまりウマそうに食うものだから、しまいに、恐る恐る、ハシを出した。

「これは、なかなか、ウマいですな」

大変、マジメな人が、マジメの極の顔で、そういった。その翌年からは、柳川鍋はやめたようだった。

マルの鍋は、ほんとにウマい。近ごろ少食の私でも、五、六人前は食べる。それでも、腹にモタれない。

一体、酒飲みは、どぜうを好くようだが、裂《さ》いたどぜうより、マルのどぜうを好く人の方に、ほんとの酒飲みがいるようである。ところが、酒飲みの友人は多いが、駒形へ行こうといっても、賛成するのが少ない。つい、それで、出かける度数が、少なくなる。

大阪の文楽座の前に、たこ梅というおでん屋がある。維新前からやってる店だが、そこのタコよりも、スズの大徳利の酒よりも、私が最も愛するのは、店のフンイキである。庶民を対手《あいて》に長い年月、良心的な商いをしてるというものは、おのずから風格を生ずるので、そのフンイキの中で、安心して、飲食できるのである。安心ということは、飲食に絶対に必要なものである。

駒形とたこ梅は、この種の店として、東西の双璧であろう。このごろは観光バスが駒形に寄って、乗客が食事をする例のように、なに、そんな名所というわけではない。

京都にも、どぜうの専門店があって、一時は、東京へも支店を出したことがあった。私は、両方へ食べに行ったが、これは、どぜう料理屋であって、どぜうのテンプラまで食わせた。どうもウマいとは申しかねた。すべて京都好みで、キレイゴトにどぜうを扱おうとする点に、ムリを感じさせた。どぜうなどというものは、いくら気取ったって、ハエるものではない。

手をかけないという意味でも、裂いたどぜうよりも、マルのどぜうの方がいい。マルの柳川鍋も、悪くはないが、やはり、駒形風のスキヤキがいい。しかし、あれは、マルのどぜうの下煮が、素人《しろうと》には面倒だから、家でやる時は、どぜう汁にかぎる。

ミソ汁で、酒のサカナになるのは、私には、どぜう汁だけである。つまらんサシミやスノモノより、何倍か、ありがたい。もっとも、酒の時は、汁はあまり吸わない。どぜうだけ、つまみあげて、サカナにするのである。いかにも死骸になりました、という風な、マルのどぜうを、椀のフタにとって、食べてると、女性は、あまり、いい顔をしてくれない。

どぜう汁は、ささがきゴボウがはいると、きまったものである。しかし、私のどぜう友だちのS社の社長の家で、こしらえるのは、ゴボウのほかに、新里芋とか、インゲンとか、ナスなぞも入れる。九州あたりの料理法かと思われる。最初、私は、芋のはいったどぜう汁なんて、食えるものかと思っていたが、食べてみると、案外、ウマい。里芋のヌルヌルしたところが、どぜうと調和する。最近もご馳走になったが、たしかに、野趣があって、珍種のどぜう汁である。

どぜう汁は、手が掛からず、かつ、好物なので、夏になると、たびたび家庭で試みるが、むろん自分で台所へ立つほど、カイ性はない。せいぜい、口でやかましくいって、細君につくらせるのだが、女性には、ニガ手の料理であるようだ。

生きたどぜうでなければ、意味はないのだが、そのまま火にかければ、残酷物語りの一節を演じることになり、女は、それをいやがる。

うちの細君が嫁にきた時に、どぜう汁なぞ、食ったこともないというのを、しいて、やらせてみた。

どぜうを、酒で殺すことを教えてやると、

「どぜうが、大変、暴れますよ」

と、報告にくる。

どぜうは、酒好きではないから、杯に二、三ばいの酒で、七転八倒するが、やがて、とても、静かになる。酔ったのか、急性アルコール中毒になったのか、とにかく、すっかり落ちついてしまう。

「それ見ろ、もう大丈夫だ」

それで、いよいよ、ゴボウを入れたミソ汁に、投入する段階となったが、火がきいてくると、細君は、恐怖の表情を現わした。酒をかけられてさえ、大暴れをしたどぜうが、高熱で身を煮られては、黙っていないと、考えたのだろう。

ところが、火がきいてきても、どぜうは、わずかな動きしか示さない。

「あら、ゴロンと、寝返りを打ちましたよ。いい気持ちなんでしょうか」

いい気持ちなわけはないが、地獄のカマウデというほどの苦痛には、見えない。酒で殺すという古人のチエは、立派なものである。

うちの細君も、いつか、どぜう汁の製法に慣れて、このごろは、キャアキャアいわなくなった。しかし、食膳に向かう時になると、汁は吸っても、どぜうは食べないようである。

マルのどぜうは、やはり、男子専科か。

おでん

　毎年、寒くなると、おでん屋へ行きたくなる。若い時に、おでん屋の酒ばかり、飲んでいたからであろう。おでん屋の酒は、悪酒ときまっていたが、熱いガンモやスジの上に、うんとカラシを塗ったのを、サカナにすると、酔いが早く廻るのである。ガマグチの中身を心配しながら、飲む酒のウマさは、格別であった。

　近頃は、おでん屋もすっかり高級化し、おでんはツケタリであって、時菜季魚を体裁よく食わせる店が、多くなった。おでん屋に、板前さんがいるのである。おでん屋というより、腰かけの小料理屋であるが、それでも〝安直《あんちょく》〟という気分は、残っている。安直は明治語であって、安価で気楽なという意味だが、あるいは、トリス・バーというような場所に、その気分が継がれてるかも知れない。

　しかし、私はトリス・バーに限らず、バーというところに、滅多に、行きたくならない。おでん屋は、寒くなると、行きたくなるが、バーには、四季とも、足が向かない。もっとも、ボーイばかりいるバーには、時々出かけるが、べつに竜陽《りょうよう》の趣味（美少年趣味）は持っていないところを見ると、洋酒を飲むだけの目的だからだろう。すべての趣味は、若い時に養成される。私の若い時に、バーに女はいなかった。女は花街か、せいぜい牛鍋屋の姐《ねえ》さんぐらいのものだった。ほんのわずかの年代差で、今日出海君あたりは、女のいるバーの味を知ってるから、雀百まで、踊りが忘れられないのである。

そこで、おでん屋に戻るが、おでん屋にも女がいなかった。これも、安く飲めた一因であった。もともと、屋台店から発展したものだから、女はおろか、時計というものが、店になかった。

ところが、たった一軒、柱時計のかかってるおでん屋が、東京にあった。その時分、その話をすると、

「へえ、ほんとかい?」

と、人が驚いたものである。事実、柱時計のあるおでん屋という記事で、新聞か雑誌に、紹介されたことがあった。

そのおでん屋は、神田の須田町と小川町の中間の電車通りにあった。たしか、丸銀という家号で、銀さんという中爺さんが、年中、めくらジマの上っ張りを着て鍋前に腰かけていた。問題の柱時計は、オヤジの居場所の上に、掛かっていた。この店は、おでんもいい種を使っていたが、酒がよく、ちょいとした料理もできた。つまり、現在のおでん屋の戦前版というより、大正版というべきであった。したがって、普通のおでん屋より高価であ

り、私なぞは、ゼイタクをする気で、ここへ出かけた。

おでんを食ってる分には、知れたものなのだが、小料理はいい材料を使うので、高かった。ある年の暮れに、ここへ寄って、中トロのサシミを注文したら、オヤジに忠告された。

「正月を控えて、ひどくマグロが上がっちゃって、バカバカしいから、およしなさい。七十五銭貰わないと合わねえんだから……」

私は、その七十五銭という価格を、ハッキリ覚えている。よほど脅威だったにちがいない。一体、当時の七十五銭は現在の金で、いくらになるのか、見当がつかないが、何だか、一万円ぐらいのサシミのような気がした。それでも、若い時は、見栄を張るから、思い切って注文した。

この店は、関東大震災後に焼けたらしいが、私が外国から帰ってから、ふと前を通ると、旧の場所で開業していた。大変なつかしくて、店にはいると、めくらジマの上っ張りを着たオヤジが、依然として、おでん鍋の前に坐っていた。店の中は、新築のせいか、昔よりキレイになっていた。

その頃すでに、キャフェが流行していたが、私は、そのおでん屋へ行く方が、酒もウマく、気も落ちついた。また、銀座付近で、小ギレイなおでん屋も、開業し始めていたが、私は神田まで通って、その店の客となるのを好んだ。

戦後、その店はなくなったようだが、おでん屋に対する愛着は、少しも変わらない。おでん屋で酒を飲むのが、一番ウマい。貧乏性とは、このことであろう。丸干しかクサヤの類で飲み始め、おもむろに、おでんに及ぶのだが、飯だけは、食う気にならない。昔から、おでん屋には茶飯の用意があったが、あんなものを食っても、仕方がない。近頃は、ご飯の上に、おでんの汁をかけて食わせる店もあるが、何か薄汚い。

東京風の煮込みおでんのほかに、関西風おでんが行われているが、おでんだけ食うのだったら、前者がよろしく、酒を飲むのだったら、後者が適している。関西人も、握りずしとソバでは、東京のマネに失敗しているが、関東ダキだけは、独自の成功をおさめてる。

おでんは、案外、外人に向くのではないかと、思ってる。少なくとも、フランス人は、スキヤキ、テンプラの次に、おでんを好みはしないか。似た料理が、フランスにないでもない。

枝豆

私は、ソラ豆のある間は、毎晩、ソラ豆を食う。ソラ豆がなくなると、仕方なしに枝豆を食うのだが、若い頃は、枝豆の方が好きだった。枝豆は、歯がよくないと、ウマくない。枝豆は、お盆の精霊棚《しょうりょうだな》に、初物をあげるのが、東京の習慣だったが、近頃は、五月からハシリが出る。枝豆のハシリは、ちっともウマくない。両国の川開きには、枝豆がつきものだが、あの頃から、実が入る。川開きの食事はまずいが、枝豆だけはウマい。

枝豆を枝ごと茹《う》でて、人前に出すのは、下町か、場末のふうだった。あまり、上品なふうではない。もっとガサツなのは、枝ごと醤油で煮てしまう、大変、色が汚らしくなるが、サヤを吸うと、醤油の味が滲み出して、子供は喜んだ。もう、どんな下町でも、あんなことはやらない。

枝豆は、東京近在よりも、東北の方がウマいらしい。毎年、夏の終りに、庄内の本間家が、東京で郷里の枝豆を食う会をやるが、実に、みごとな豆である。その種を大磯で蒔くと、一年だけは、ウマい豆ができるが、翌年になると、普通の痩せた枝豆になってしまう。

つまり、あれが、本場の枝豆というのだろう。ただ、少し豆臭いのが閉口だが、土地の人は、その臭さを喜ぶにちがいない。

きのこ料理

松茸は日本独特のものであって、あんな香気の高いキノコは滅多にないが、私は昔ほど珍重しなくなった。昔は秋の彼岸ごろに、松茸のハシリが出て、それを待ち兼ねて食う愉しみがあり、一年振りであの香気に接して、シミジミ季節感を味わえたが、近頃は、お茶屋さんが八月だの、七月だの、時には、梅雨の最中に、早松茸を椀ダネに用いたりする。出されれば、食ってしまうが、形だけ松茸であって、匂いなぞまるでありはしない。ハシリというより、クルイである。ウマくないばかりでなく、初物を食う愉しみまで、奪われてしまう。腹の立つ話である。

外国ではキノコを、魚料理や臓物料理の匂い消しに用いる時が多いが、日本でも、椀ダネの松茸なぞはその目的かも知れぬが、松茸だけを食う場合がないことはない。松茸飯なぞそれであるが、焼松茸のごときは、一番好例である。紙に包んだり、熱灰に入れたりして焼いたのを、熱いうちに割って、新柚子の絞り汁をかけて食うのは、松茸の料理のうちで、一番ウマい。あれが、一番、松茸を食った気持にさせる。松茸だけの味を、存分に賞美できる。そして、あんなキノコの食い方は外国になく、シナ料理にもなく、いかにも日本人らしい食い方だと、考えさせられた。

一体、フランス人なぞは、かなりキノコを食う人種であって、八百屋にもいろいろ列んでいる。キノコの総称はシャムピニオンであるが、その総称で呼ばれている一番普通のキノコが、日本でいうマッシュルームである。あれは季節知らずで、年中、八百屋に列んでいたと思うが、やはり秋になると、三、四種ぐらいのキノコにお目にかかった。初茸《はったけ》に似たのもあり、松露《しょうろ》もあった。松露はチュルフといって、最も高級なキノコで、高価なオードゥブル材料のフォア・グラに必ず混入されるが、日本のように春のキノコではなかったと思う。もっとも、松露と字典に出ているものの、松の木も日本の松とはちがうのであるから、香気や味もまったく異なるのである。

そこへいくと、普通シャムピニオンの名で呼ばれるキノコは、一見、日本人に郷愁を起こさせるほど、小型の松茸に似ている。傘の開かない、早松茸そっくりである。私は、これなら焼き松茸ができると思って、フライ・パンで空焼きにして、レモンの汁をかけて食ってみたが、一向にウマくなかった。歯ざわりは、ちょっと似ていても、匂いがないからであろう。

フランス人というものは、キノコそのものを賞美せず、もっぱら香料またはヤクミとして用いるものと、考えていたが、必ずしもそうではないことを知った。

私はパリで、木下杢太郎氏と知り合い、一度、私のアパートへ食事に招いたことがあった。食事といっても、スキ焼を食べさせたに過ぎないが、木下氏はその返礼に、レストランへ呼んでくれたのである。リュクサンブール公園前のキャフェ兼業の家で、料理部は狭い一室だけだったが、学生街のレストランとしては、高級な方の店だった。木下氏はわれわれより懐が温かいとみえて、学生専門の安飯屋では食事せず、そんな店の顧客らしかった。ボーイも顔馴染みらしく、私たちがテーブルへつくと、

「今日はあなたの好きなキノコ料理があるが、いかがです」

と、木下氏にすすめた。

やがて、その料理が運ばれた。フタつきの鉄鍋であって、ボーイがフタをとると、湯気が立ち、融けたバターがまだフツフツと煮えていて、その中に、シャムピニオンが一ぱい列び、他に肉も魚も入っていなかった。

「熱いうちに食わないと、ダメですよ。冷めたら、まったく仕方のない料理だ」

と、木下氏にいわれて、舌がヤケドするほどのシャムピニオンを、頬張ってみると、まったく、これはウマかった。あの風味の乏しいキノコが、まるで別物のように、生き生きとした味になっていた。そして、白ブドー酒の味と、ひどく調和した。

結局、洋風焼き松茸というべき料理であるが、日本のヤキマツが塩だけを調味料とするにひきかえ、これは、恐ろしく多量のバターを用いた蒸し焼きだった。いや、バターだけ

の味でなく、ニンニクその他の香料も、相当入ってるようだった。そういうものの助けによって、シャムピニオンの味が生かされるのであって、日本の焼き松茸のように、キノコそのものの味を賞美するのではなかった。そこに、日本料理とフランス料理の根本的な違いがあるように思った。

日本へ帰ってから、私はこの料理に松茸を用いて試みたが、全然失敗だった。しかし、生椎茸でやってみると、そうでもなかった。

生椎茸を裏返しにして、バターとニンニクを塗って、テンピで焼くだけのことだが、リュクサンブール公園前で食った時ほどにいかぬにしても、面影ぐらいは味わえるのである。

ナマコとタワラゴ

この間、辻留でナマコのしらあえのようなものを、食わされたが、なかなかウマかった。ああいう食い方も、あるものと思った。

しかし、ナマコのスノモノよりウマいとも、考えなかった。もっとも、ナマコのスノモノが、いつもウマいとは限らないが、時によって、非常にウマいことがある。やはり、それは、正月とか、極寒の候である。非常に寒い時に、青と紫のあの色彩と、あの香気と、よい酢の味と、調和するのであろう。ナマコというものは、気味の悪い形であるが、清冽《せいれつ》の香気があり、冷たさが快い。夏、あんなものを食う気になれない。

コノワタだって、冬の物である。

私は、子供の時から、正月になると、コノワタを食わされた。母が三河の産で、年末になると、郷里から、かわいらしいコノワタの樽が届く。母は、正月の重詰をした後で、いかにも愉しそうに、コノワタの樽を開け、片手にハシを持ち、片手にハサミを持って、小さく切り、染付けなんかのふた物に、とりわける。一度、コノワタを知らぬ年賀客に、樽ごと出したら、ソバを食うように、ツルツルとのみ込まれて以来、そうするのだと、いっていた。

正月の膳に、ポン酢をかけたコノワタが出るのは、わが家のキマリだった。子供の私は、コノワタの味など、わかる道理はないが、飯にコノワタをかけて食うことは、好きであった。

やがて、酒を飲み始めるようになって、コノワタの真の味を知った。ウニ、カラスミ、シオカラ、ウルカと、同類のものの中で、私はコノワタが、一番好きだった。もっとも、ちかごろは、そんなシャレたものより平凡普通のソウザイの方が、酒のサカナになるが、ただ、正月には、コノワタがないと、なにか寂しい気がする。

四国の田舎に、疎開した時も、正月に、コノワタは無理だとしても、ナマコのスノモノぐらい、食ってみたくなった。

ところが、土地の魚屋さんは、一切、ナマコというものを、取扱わないのである。第一、ナマコという語がない。タワラゴというらしい。そのタワラゴで結構だから、持ってきてくれと、頼むと、

「あがいなものが、食われますかいの」

と、笑って、取り合わない。

聞いてみると、ナマコを食う習慣が、全然ないのである。ナマコはいないかというと、

内海が干潟《ひがた》になると、ヤタラに、その辺に転がっているのである。

ナマコを初めて食った人間は、勇者であると、漱石か誰かが、書いていたが、なるほど、あの形態を見ては、いくら、ナマコが食用になると、私が力説しても、耳を傾ける者がないのが、当然だったかもしれない。

しかし、私があまりナマコのウマさを説くので、土地の人が、おもしろ半分で、海から拾ってきて、食ってみろといった。

私は、早速、愚妻にスノモノをつくらせて、食べてみせた。しかし、口へ入れてみると、ナマコの味がすることは確かだが、ひどく大味で、ちっともウマくないのである。これでは、土地の人が食わぬわけだと思った。それでも、いまさらまずいともいえないので、ナマコの効用を弁じる方に、話を持っていった。

ナマコというものは、こんなぐあいに、生で食べるばかりでなく、ナマコのハラワタをコノワタといって、東京や大阪では、貴重な酒の下物《さかな》となっている。また、ナマコの干したのを、キンコといって、これは、シナ料理に用いるので、高価な輸出品となっているなどと、頼まれもしないのに、ナマコの宣伝をする役まわりになってしまった。

ところが、そのころは、新円獲得という語が、流行した時代で、土地の人も、ニボシを大阪へ持って行くとか、海水を煮詰めて、塩をこしらえて、都会地へ売りにいくとか、金もうけに熱中していた。たまたま、私が話したナマコの効用が、欲の深い連中の耳へ伝わった。ナマコ――つまりタワラゴ、手間さえかければ、そんな高価な食品になるのだったら、この土地で、製造を始めてみようと、いうのである。原料のタワラゴが、いくらでも、タダで手に入ることが、彼らの欲を刺激したのであろう。

「先生、このコノワタちゅうのは、どがいして、つくるのですか」

「キンコちゅうのは、ただ、干せば、ええのですか」

私のところへ、聞きにくるのである。

これには、私も弱った。コノワタもキンコも、実物は知っているが、製法の方は、まったく暗いのである。そして、コノワタの製法を知らなくても、文士の恥にはならぬから、そういう細いことは、製造している土地へ行って、調べて来なさい、と答えた。製造する土地は、どこかというから、私は、九州や瀬戸内海付近にも、産地はあるらしいが、私の知ってるのは、三河の国だと、答えて置いた。三河の国も、多分、海に近い地方だろうというような、漠然とした答しかできなかったので、さすがに欲の深い連中も、それぎりでたずねて来なかった。

貝　鍋

滝川政次郎さんの随筆「青楼の酒肴」というのを、酒の雑誌で読むと、その昔、吉原の冬のダイノモノに、なべ料理があり、そのなべに、帆立貝を用いたらしい。雪の朝、居続けの客が、それで、一杯やる時に、オイランが職業用の懐紙で、七輪の火をあおぎ、自分の頭からカンザシを抜いて、なべの中を整えたというのは、ユーモアと風情を兼ねている。

盃でアンバイをする小鍋立て
カンザシの逆艫《さかろ》で荒す帆立貝

そんな川柳が、あるそうである。不幸にして、私は、そんな時代の吉原を知らない。私が連想する吉原の食べ物は、馬肉なべに過ぎない。

野暮でない勝手道具は帆立貝

そんなのもあるらしいが、すべて、私には意外のことばかりだった。

私も時に、帆立貝なべの記憶を持っているが、これはヤボの骨頂というべきであった。亡母が雪の日なぞに、貝なべ料理をしてくれたが、材料は、ネギ、ムキミであり、それにミソを加えるのである。ネギとミソのにおいがして、食慾をそそるのだが、食ってみると、ウマくも何ともない。それに、婆さんとセガレが帆立貝なべをつつき合ったところで、何の風情もあるべきではない。

私は、貝なべに興味を持たなかったが、中年に達して、秋田料理のショッツルなべの味を覚えてから、これを愛用することになった。戦前も、よほど前のことだが、新宿に秋田料理を食わせる店ができて、よく通った。しまいには、秋田からショッツルを取寄せ、自宅で試みるようになり、貝なべと岩七輪も入手して、冬の夜食を愉しんだ。

そのうちに、どうしても、本場へ行って食いたくなり、年末に秋田へ出かけたことがあった。雪が降っていて、ハタハタの季節で、旅館へ着いてから、すぐ、ショッツルを注文したら、アルミのなべを持ってきた。魚も、スズキかなんかで、わざわざ、秋田へ食いにきたかいはなかった。

そんなふうに、私は貝なべというものが、好きであるが、決して、便利な道具だとは思わない。人間が、鉄なべも、陶器なべも考え出さない以前、あんななべを用いていたと思えば、実用性に劣っているのは、当然だが、一番閉口したのは、容積が小さい点である。一度に沢山煮ることができない。一人なら、ちょうどいいし、二人がせいぜいである。その点、吉原の差向い用には、適してるのであろう。

しかし、イキ用専門というわけでもないらしい。私のオフクロが用いたような用い方もあるが、洋食風の用い方も、ないではない。

フランス料理のコキーユ・サンジャックというのは、小型の帆立貝なべを用いる方が、本式である。時には、銀製や陶製の貝型なべを用いる店が多いが、パリのモンパルナスの裏町のゲーテ街に、この専門店があり、そこでは、常にほんとの貝なべを用いていた。カタツムリとサンジャック貝焼が、そこの名物だったが、ゲーテ街というのは非常にヨタ者の多いところで、しかも、その料理店は居酒屋式なので、彼らの巣のようなものだった。

私は、なるべく、夕方の早い時間を見計らって、その店へ食いに行くのだが、それでも、店の奥の方に、数名がたむろしていて、ジロジロと私をながめた。今にも、インネンをつけにきはしないかと、ビクビクしながら、白ブドー酒を飲み、サンジャック貝なべを突ついているのは、気味が悪いけれど、一種の味わいがあった。

塩汁

シオジルではなく、ショッツルであり、同時に、頗るウマいものだと知ったのは、十余年前のことだった。当時一緒に芝居の仕事をしていた長田秀雄氏が、サイダー罎一本ほど頒けてくれたのである。

貝鍋がいいと教えられて、江の島土産でやってみたが、鍋が新しくてはどうも駄目で、普通の鍋で試みた。大根下しを入れることと、白菜を用いることは忘れなかった。ひどくウマかった。三、四遍試みたら、罎がカラになった。

以来、ショッツルにお目に掛かれず、残念に思ってたところ、数年前から、新宿に「秋田」という店ができた。関口次郎なぞを誘って、数回出掛けてみた。ここは使い古した貝鍋に、秋田地方独特の七輪を用い、趣きも味もよかった。だが、白菜は用いず、芹が添えてあった。

新宿の「秋田」は一度で気に入って、続けて出かけたが、この頃とんとご無沙汰した。いつの間にか、ヨッパライが殖えて、静かに飲めなくなった。自分がヨッパライになるのは関しないが、他人のヨッパライは嫌いな性分だから仕方がない。

だが、ショッツルも食いたいし、キリタンポも時には恋しくなるし、あの店のヒマな時刻を狙って行こうと思ってるうちに、ちょっと小閑《こびま》ができて、いっそ本場へ行ってやれと考えた。

旧臘、夜汽車で秋田へ行ったのである。十二月だから、まだハタハタもあるだろうと思ったが――あるにはあるが、冬至過ぎたハタハタは、まずくて差上げられないと、秋田の姐さんは頑固なことをいう。無理に、一塩の塩焼を食ったが、ショッツルにしては、ついに食えなかった。

ショッツルは、鱸《すずき》や鱈《たら》で食った。やはり、ウマい。野菜は芹で、白菜は用いない。しかし白菜はたしかに適物であることを、持ち帰ったショッツルで東京で試してみて確認した。

酒は新政《あらまさ》がうまかった。しかし、私には秋田の酒は、どうも利目が薄い。酔わないし、酔っても、村雨の効果を発揮する。だから、目下の私の健康状態には、甚だ適当な酒である。往来に出て、フッと醒めかかる頃、チラチラと粉雪が降ってきた。風情もあり、衛生にもよかった。

フグの腸

新聞を読むと、バタ屋三人が、芥溜《ごみため》から鮪《まぐろ》の腸を拾い、ネギマにして食べたら、一人死んで二人が重態だと出ている。料理屋の芥溜なので、鮪の腸と一緒にフグの腸も入っていたからだ。

ウカウカ、芥溜のものも食えん世の中になったと考えたら、無性におかしくなった。いやしくも人間一人が死んだ事件を、笑って済まないことだが、ほんとは事件そのものがおかしいのではなくて、そういう事件を生んだ世の中がおかしいのだから、あながち非礼に当るまいと思う。

もちろん、フグの腸を捨てた男は、殺人罪にはなるまい。といって、警察で一叱言《ひとこごと》食わずに帰るはずはない。たぶん、そんな危険なものを、以後芥溜へ捨ててはならん、とでも叱られたことと思う。するとその男がウカウカ芥溜へものも捨てられんと、心中で呟いたかも知れない。そうなると、いよいよおかしくなる。

蟹

蟹ぐらい値の高くなったものはない。十年前の十倍ほど騰貴している。蟹料理屋というものができ、山の手人種も地方出身者も、争って蟹を食うが、以前は下町の人間だけが食う下賤な食物であった。

蟹はたしかに酒をウマくする。下物《さかな》として右に出ずるものはあるまい。それに、ホジくるのに手間が掛るから、徳利を何本も列べるわけにいかない。ウマく、かつ、少なく酒を飲む法に適う。

解剖学の医学博士と蟹食いに行ったことがあったが、流石《さすが》に巧みに身をホゴした。蟹は一パイ、二ハイという。尾とも疋ともいわない。ここらが、日本語のむずかしいところだ。

蟹と西瓜は食い合せであるが、試みに食べてみて、正確に下痢した男がある。梅干と鰻《うなぎ》の実験では、何ともなかったそうだ。

この間、三浦半島の海岸へ行ったら、一万坪ほどの池で、大規模な蟹の養殖をやっていた。東京の相場が高くなると、持ち出すらしい。蟹が人に養われるほど出世しようとは、少なくとも品川の漁師にとって、ユーモア小説である。

麩

　およそ、日本の食物で、なにがバカバカしいといって、麩に如くものはないと、考えていた。味が変哲もない上に、いかにもカロリーに乏しきようで、田舎へ旅なぞして、麩を食わされると、金魚じゃあるめえしという極り文句が、腹の中に浮んだ。

　ところが、この頃になって、フト（洒落ではない）麩が好きになってしまったのである。まったく、なんの理由もなしに、麩を食ったらウマいだろうという考えになって、愚妻に渦麩を煮さしてみたらば、果して、予《かね》て求めて得ざるがごとき味わいを見出した。実に、ウマいと感じたのである。

　それ以来、度々、麩を食っている。麩がどんなふうにウマいかと、叙述したところで、はじまらないが、こんな結構なものが、戦時中、随時随所に手に入ったのは、ウソのような気がする、保存食糧は、どんなものでも買溜めに狂奔してる人があったのに、麩のごときを看過してるのは、解せないと思うが、要するに、麩嫌いが多いせいであろう。しかし、この傾向は、私にとって倖いである。

家内も、娘も、女中も、誰あって、麩を喜ぶものはないが、この間、箱根の小塚山へ行ったら、図らずも、同好の士を発見した。そこに、画家の足立源一郎君が、別荘をもっているが、ある夜、遊びに行って、京都の話になった。足立君とは、不思議に、東京で会わず旅先で会うので、昨秋も、京都の大徳寺の孤蓬庵《こほうあん》で、偶然ブッかった。それで、大徳寺前の精進料理屋の話などから、麩の件に及んだのであるが、

「麩はウマいですよ」

足立君は、力を入れて断言した。

「麩はおいしゅうございますわ」

眼鏡をかけて、洋服を着た足立夫人も、側から賛成した。

私は、同志がいたので喜んで、いろいろ足立君の講釈を聞いた。

麩は、やはり京都がウマいそうで、その種類も非常に多く、中に餡《あん》の入ってるのまであるとのことだった。餡入りの麩なぞ食いたいと思わなかったが、銀杏《ぎんなん》や椎茸の入った生麩の話は、ちょっと食慾を催した。とにかく京都には、麩屋町という町名さえあることだから、麩の聖地に相違なかった。

その京都の麩を、お土産に貰って、足立別荘を辞したが、帰りがけに、足立君がいった。

「麩は胃癌のクスリだそうですよ」

そこまで礼讃しなくても、私には、あの淡々たる無比の味わいだけで、充分であった。

豆腐の問題

戦時中、裏町の小さな豆腐屋抔《など》に「当分休業」の札が貼ってあったりすると、心傷まずにはいられなかった。

豆腐飢饉の問題は、米や炭の問題ほど、重要でないかも知れない。しかし、豚肉の不足などとは比べものにならない意義をもっている。これほど安価で、栄養に富んで、簡便な食物は、他にない。それから製法および製品として、非常に優れているのである。牛乳からバターを製するよりも、大豆から豆腐を造る方が、立派な工夫なのである。さらに、肝腎の味の点において、甚だ高級なのである。

それなのに、豆腐の問題がそれほど騒がれないのは、不審のようであるが、これは第一に、豆腐を必要とするような善良で健康な市民たちは、無口であるためである。つまらぬ不平を、すぐ新聞へ投書するような階級に、属さないからである。しかも、不平を鳴らす階級の人は、豆腐がなくても困らないし、また豆腐の味を知らないのである。

田舎の人や、都会でも下町の人は、豆腐の味を知ってる。田舎ではご馳走であり、下町では生活になくて叶わぬものである。下町では、刺身を買う金がない時は、冷やヤッコにする。おカミさんが多忙の際には、ガンモドキの煮付けときまってる。単に豆腐屋のラッパの音だけでも、彼らの生活に深い繋がりをもっている。朝に鳴り夕に鳴り、雨に鳴り雪に鳴っていたラッパの音が、途絶えたとしたら、それだけでも、生活上の由々しい異変である。

山の手の令嬢だとか息子だとかいうものは、おおむね豆腐が嫌いである。彼らは、最初の一口が刺激的でないものは、なんでも嫌いである。それはそれでいいが、そういう趣味が、低劣野蛮であるくらいは、知って置く必要がある。

豆腐を好むのは、食物の趣味としても立派であり、善良で健康な市民の証拠であり、これが食えないということは、単なる食糧問題以上に響いてくる。豆腐のごときものは、むしろ積極的に、戦前にもまして、良品を潤沢に売らせるようにして欲しいと思う。

生キャベツ

細君が留守の時に、家政婦君がフライをこしらえた。付け合わせのサラダは、何にしましょうというから、何でもいいよといって置いたら、生キャベツのせん切りがついてきた。私の家では、キャベツをサラダとして用いることは、あまりない。しかし、せっかく、つけてくれたのだから、少し、食ってみると、キャベツの香りと甘味があって、そう捨てたものでもないが、義歯の多い私には、とても余計は食べられない。

食べながら、私は、生キャベツを食うのは、日本人だけであることを思い出した。紫色の生キャベツを、酢漬けにして食うのは、独仏で見たが、白い方は煮るものと、きまってるようだ。なぜ、日本の洋食には、生キャベツがつくのかと、考えたが、これは、ハヤシ・ライスのような創作ではあるまい。以前、レタスなんかは高価だったから、キャベツを代用しただけのことだろう。

それにしても、洋食に生キャベツの付け合わせの歴史は、古いのである。私が初めて外国へ行ったのは、関東大震災の前年だが、その時に、もう全盛だった。私の友人の新聞記者は酔払いで、薄給で、金のない時には、カツ・ライスのカツ抜きというのを、社で食べるのだと、いっていた。カツ・ライスからカツを抜いたら、ライスだけではないかと、反問したら、

「バカいえ。キャベツがついてるじゃないか。それに、ソースをぶっかけて食えば、おカズになるんだ」

と、面白いことをいった。

とにかく、私は安洋食には、生キャベツがつきものだと思って、外国へ出かけたのだが、パリの飯屋のどんな安い店へ行っても、一度だって、お目にかからなかった。

パリで暮らしてる間に、私は、ドイツの芝居を見に行くことになった。ベルリンに一か月を送ったが、ここでは、度々キャベツを食べさせられた。ドイツ人はフランス人より、確かにキャベツが好きである。しかし、やっぱり、ナマでは食わない。

そのうちに、私は在留の日本人画家と、知り合いになった。ドイツへ絵の勉強にくる日本人は、珍しかったが、東京生まれの素直な青年であった。一度、遊びにきてくれというから、彼の家へ出かけると、彼と同じように若いドイツ人の細君と二人で、大変もてなしてくれた。

彼らは、貸間にいるのだが、台所つきで、自炊ができるらしく、細君はコニャックの下物《さかな》をととのえた。ドイツでは、フランスのコニャックを珍重するらしく、画家は一本を

フンパツしたのである。

「どうです、これは？」

彼は、やがて細君の持ってきた皿を、指さした。生キャベツのせん切りに、ウスター・ソースがかけてある。私は、ドイツ人はキャベツを生で食うこともあるのかと、聞いてみたら、

「いや、日本を思い出すからですよ。しかし、うまいですよ、確かに……」

彼は、モリモリと、それを平げていた。

やがて、酔いが廻ってくると、彼は家主を呼ぼうと、いい出した。家主とは、つまり貸間の持ち主で、同じ棟の中に住んでるのだが、職業は大工さんだということだった。

細君が呼んできた男を見て、私は、アッと思った。ドイツ人には珍しく、髪は黒いし、少し猫背だし、日本人によく似てるが、頭の刈り方が、日本の大工さんそっくりなのである。つまり、角刈りであるが、ドイツ人は、一般人もそんな理髪を好む風があった。もっとも、日本の大工さんも、そんな刈り方は大正時代までのことで、今は、ポマードで長い髪を、光らしている。

その大工さんは、見るから好人物で、酒好きらしかった。コニャックを何杯も飲み、ソーセージも何片か食べたが、生キャベツには、見向きもしなかった。

私の友人も酔ってきて、クドくなり、大工さんに、しきりに生キャベツをすすめるが、

対手は手を振るだけだ。しかし、最後に、好人物そうな男が、耐りかねたように、声をあげた。すると、友人の画家は、ゲラゲラ笑って、私に、大工さんの叫んだドイツ語を、翻訳してくれた。

「ウサギじゃあるめえし……」

大工さんは、そういったそうである。

生キャベツが、ウサギの飼糧であることは、後に、私は、フランスで実見したが、しかし、ウサギが食うからといって、人間が食って悪いことはない。ただ、ウサギのような、よい歯を持っていないと、生キャベツの味は、わからないようである。今の私には、文字どおり、歯に合わない。

バナナの皮

私は「バナナ」という小説を、書き上げたところだが、新聞小説というものは、枚数を多く要するくせに、実に、少しのことしか書けないものである。むしろ、雑誌の短篇小説の方が、よく多く語れると思う。度々新聞小説を書いて、そのことはよく知ってるつもりなのに、つい、書く前になると、慾を出して、書き終わると、失望する。そんなことばかり、繰り返している。

私は、バナナとはオカしなものだと思って、小説に書く気になったのである。私は十五、六歳の頃、あんまりバナナが好きで、こんなに好きでは困ったものだから、どうかして嫌いになろうと、計画したことがある。私の生地の横浜では、今から五十年ほど前にトマトとか、バナナとかいうものを、すでに食べていたが（東京人には、まだ普及していなかった）、トマトは臭気があって、少年の私の口にナジめなかったが、バナナの方は、初めて食って、世にこれほど美味な果実があるかと、驚嘆した。

そして、あんまり好きになって、ミットモないという気を起こしたのは、やはり、武士道教育の残存だったかも知れない。私は、イヤになるほどバナナを食べれば、多分、嫌いになれるのではないかという考えを、起こした。

何かの理由で、私のガマロに、五十銭銀貨が入っていた。当時の子供にとって、大金であるが、五十銭バナナを食えば、その目的を達するだろうと、考えた。そして、バナナを買いに出たのであるが、その時分は、八百屋なぞにバナナは売っていなかった。伊勢佐木町という繁華街の入口に、横浜第一の果物屋があって、そこへ買いに行ったのだが、今は切らしてるといわれた。その店で、南京街《ナンキン》へ行けば、多分、売ってると教わった。行くと、果たして、中国人の食料品店で、みごとなバナナを発見した。中国人がバナナを好むのではなく、外人の住宅の者が、南京街へ買い出しに行くから、よい魚菜や果物が置いてあった。

五十銭のバナナは、ずいぶん大きな房だった。少なくとも、十本の大きな実がついていた。それを、私は大切に抱えて、わが家へ帰り、二階へ上って、港の遠景を眺めながら、全部を平げる計画だった。

二本、三本は、夢の間だった。五本目となると、少し食べにくくなった。七本目ぐらいは、まったく無味で、もうこの辺でやめて、後は明日という気になったが、それでは目的を達しないから、残余をムリに押し込んだ。

バナナは見るも嫌になった。私は成功したわけだが、一週間経つと、嫌悪症は完全に消えて、元のモクアミになった。

しかし、青年になって、飲酒を覚えると、バナナにそれほどの魅力がなくなった。その頃、私はフランスに出かけたが、フランスにもバナナがあり、安料理のデザートにも出た。私はバナナよりも、フランボアーズだとか、スリーズだとか、フランス産の果物の方がうまいと思った。

その頃、ジョゼフィン・ベーカーという黒人の踊り子が、パリに現われて、すっかり人気をさらった。一九二五年から三〇年ぐらいまでのパリを、彼女が代表したということもできた。パリを表わす漫画とか、パリの観光ポスターなぞに、彼女の舞台姿が出た。黒い鞭のような、長い手肢とおカッパ髪と、白い歯と、大きな乳房の他に、彼女の特徴といったら、腰の廻りに、黄色いバナナの房を廻らせていることだった。バナナといえば、彼女を連想させるほどだった。

私は、彼女が舞台で唄った文句の冒頭を、まだ覚えている。

シェー・ヌウ、

イリヤ・デ・バナーヌ……。

これは「わしが国さにゃ、バナナがござる」と訳すのが適当だが、黒人の女の唄の文句として、面白かった。バナナはフランスになく、アルジェリアか、アフリカか、植民地から移入されるのだが、黒人の女のお国自慢には、多少ワイセツの意味も加わっていた。バナナは、フランスばかりでなく、ヨーロッパの国の一つの隠語になっているが、ジョゼフィン・ベーカーは、少女的無邪気な美声で唄うので、面白い効果があり、あんなに受けたのだろう。

私はバナナという果実に、愛嬌と滑稽味があることを、この時分に知った。

それから、話がずっと飛んで、戦後のことになるのだが、もう戦前から、私はバナナに興味を失う年齢に達していた。ムリをして、バナナ嫌いになる努力をしなくても、私はバナナの味に魅力を感じなくなっていた。バナナなぞより、リンゴの方がウマい。ことに、優秀種の柿となると、形といい、色といい、とても美しい。そして、味の奥行きの深さは、バナナなぞの遠く及ぶところでない。日本の男は、中年になると、花にしても、ダリヤやカンナよりも、梅や菊が美しく見えるのと同様な、趣味の変遷である。

私は五十を迎えてから、終戦となったのだが、疎開地から東京へ帰って、駿河台へ住んだ。

ある日、私は、当時二十歳ぐらいだった長女と共に外出して、帰りに、お茶の水の角にある喫茶店で休んだ。その頃は砂糖不足で、喫茶店の数も少なかったが、その店は、第三国人の経営で、日本人の店よりも、売ってる品物も豊富だった。

私だけは、紅茶とつまらぬ菓子を注文したのだが、ふと、娘が眼を輝かせた。

「あら、バナナを売ってるわ」

バナナありますと、札が出ていた。紅茶の甘味もズルチンである世の中に、バナナを売ってるとは、意外だった。何年間、バナナの顔を見なかったことか。そして、日本人のどんな店にも見ることのできないバナナを、そこで売ってることが、ウソのような気がした。

今度の小説を書くのに、調べたところでは、戦後、日本へバナナが輸入されたのに、いろいろの段階があり、いまだに自由輸入になっていないのだが、その頃は最初期で、進駐軍用輸入が認められ、日本の土地に住む者で、バナナを口にしたのは、アメリカ人だけの時期だったらしい。そして、その輸入を行ったのは華僑であって、彼は軍納で儲けた上に、横流しで儲けていた。お茶の水の喫茶店へ現われたのも、その横流し品と推定される。

さて、その時のバナナであるが、今日なら、果物屋の隅に、一皿盛りにされている屑バナナだった。皮はまっ黒で、果肉は茶色に変っていた。

私は一口食べただけで、やめてしまった。バナナがそれほど好きでなくなってるばかりでなく、いくら珍しいといっても、そんなゴミタメにあるようなものを、食べたくはなかった。それは、横流し品のうちの廃棄品にちがいなかった。

しかし、娘は大喜びだった。

「ずいぶん、久し振りね。とても、おいしいわ」

彼女は、自分の分も、私の残した分も、きれいに食べてしまった。

それを見て、私は、自分が若い時に、あんなにバナナが好きで、嫌いになるために、むりな食べ方をしたことを、思い出した。

どうして、若い日本人は、そんなに、バナナが好きなのであろうか。フランスの若い者も、バナナは好きであるが、日本人ほどの愛着振りではなかった。この間の戦争で、フランスでも、バナナが払底したろうが、べつに困る人もなかったであろう。戦後に初めてフランスにバナナが現われたといっても、べつにそれに飛びつくという人もなかったであろう。

ジョゼフィン・ベーカーのバナナの唄は、自分の国では、バナナができると、威張っているけれど、それは、もちろん、戯《ざ》れ唄であって、バナナのできる国では、バナナは最も下級の果物である。台湾では、貧しい苦力《クーリー》が弁当代りに食べるというし、南洋でも、私はタダ同様の値段で売られているのを、目撃した。また、事実、原産地でバナナを食っても、一向うまいものではなかった。日本で売ってるバナナの方が、数等美味なのである。私はそれを不思議に思ったが、今度の小説を書くので、調べてみると、日本人は青い未熟のバナナを輸入して、バナナ室《むろ》に入れて、暖ためたり、冷やしたりして、まるで日本酒でもつくるように、ウマいバナナに加熱させる独特の術を、心得てるらしかった。

そうすると、日本のバナナが、世界で一番ウマいことになって、青少年子女がバナナに愛着するのも、ムリはないかも知れない。

しかし、いくら、ウマいといっても、バナナのウマさなんか、知れたものではないかと、すでに老人となった私は考え、人はバナナなしに生きられるのではないかと、文句もつけたくなるが、若い人が耳を傾けてくれるはずもない。

　とにかく、バナナには滑稽なところが沢山あるので、私はバナナを笑う小説を書こうとしたのが、バナナの皮に滑って、転んだような結果になった。

焼きサーディン

私が、若い頃、パリにいた時に、石井漠と石井小浪が、ヨーロッパ巡業にやってきた。私は、全然、無名の青年で、芝居好きという以外に、在留日本人にも、知られていなかった。

ところが、石井漠は、友人を通じて、私に、パリの興行師と交渉するのに、助力してくれと、頼んできた。私は、世間知らずで、そういうことは、よくわからなかったが、芝居好きということと、フランス語がシャベれるという二点で、友人が彼に、私を推薦したにちがいなかった。

石井漠は、まったく、フランス語ができなかった。早くいえば、私を通訳に頼みたかったのだろう。

石井漠は、ドイツの興行で、わりと成功して、今度は、パリで、一旗あげたいらしかった。もっとも、パリは、日本ゲイシャの手踊りの方を、日本前衛舞踊家よりも、歓迎する都会で、トントン拍子にはいかなかったらしい。

私は石井漠とともに、シャトウダンあたりの汚ないオフィスに、興行師を訪ねた。明瞭にユダヤ人の人相を備えた中老の男が、取引きの話を始めた。

結局、金の話になったが、どうも、その興行師は、石井漠の望む額を出し渋った。私は面倒くさいので、破談にしたらどうだと、石井漠にすすめたが、彼には彼の事情があるらしかった。そして、再考の上、返事をするというようなことになって、そのオフィスを出た。

「どうも、ご苦労さま」

と、彼がいった。

私はべつにご苦労なことはなかったが、この種の話の通訳は、ツクヅク苦手だと、感じたので、あまり好機嫌でもなかったのだろう。

「何か、お礼をしたいのだが、目下、貧乏を極めてるので、カンベンして下さい」

彼は、ほんとに、済まなそうにいった。そして、自分のホテルにきて、茶でも飲んでくれぬか、石井小浪も、待ってるからと、しきりにすすめた。

それで、私も彼と同行する気になり、モンパルナスの裏通りのホテルへ行った。ホテルといっても、私の下宿同様の安ホテルで、そこに、私は、久し振りに、日本娘の小浪を見た。彼女も、まだ、若々しい盛りだった。

小浪は、明るい娘で、今日の交渉が思わしくないと聞いても、屈託のない態度だった。

そして、石井漠から命じられて、気軽に、ビールの支度を始めた。安ホテルであるから、自炊も許すらしく、アルコール・コンロや、フライ・パンも、部屋の隅に置いてあった。彼女は、日本の昔の牛乳ビンのような、針金を曲げたセンのあるビールを、私たちの前へ置いて、

「お得意の料理こしらえましょうか」

と、いった。

何の料理かと思ったら、缶詰めのサーディンを、フライ・パンで焼くのだという。私は、少しゲッソリした。サーディンなら、そのまま食うのが、いいではないか。レモンでも、添えてくれれば、ビールの下物《さかな》に、好適ではないか。何も、ムリに焼くことはないではないかと、腹の中では思ったが、初見の石井小浪に、それを、口には出せなかった。

そのうち、彼女は、カンヅメを開けて、油浸けの油もそのまま、熱したフライパンの中へ投入した。たちまち、気持のよくない魚臭が、部屋へひろがった。あんな臭いをさせたら、同宿のフランス人は、いやがるだろうと思った。それに私は、サーディンみたいなものを、強火で熱したら、すぐ焦げつくだろうと思った。ところが、なかなか、焦げつかないのである。やがて、ほどよく狐色に焼けたのを、皿に盛って、

「お熱いうちに……」

と、彼女がすすめた。

私は、何の期待もなく、というより、お義理で、フォークを動かしたのだが、一口食べて、オヤと思った。

懐しい故国で、シュンで、油の乗ったイワシを、塩焼きで食う時と、ソックリな味だったのである。これはウマいと、私は、何匹も食べた。

考えてみると、ヘンな料理で、石井小浪の創作かも知れない。そして、ウマいと思ったのも、望郷の念の仕業かも知れないが、とにかく、あの時はウマかった。さればといって、その後、一度も、それを試みる気にもなれなかったが――。

汽車弁当

戦時中、関西へ旅行した時に、静岡で幕の内弁当を買ったら、飯の中に点々と、なにか黄色いものが、混入していた。サテ、なんだろう、なかなか風雅な味がするがと、首を捻ったが、正体が知れなかった。旅行から帰ると、家の飯にも同じものが入っていた。小麦だと知れた。

でも、私は、一粒も余さず、あの弁当を食ってよかったと思った。その頃、汽車の弁当については——いや、汽車で弁当を食うことについては、なかなかむずかしい話があったのである。私は、そういう話を、三つも四つも、聞いている。

その中で、一番、身に沁みた話がある。

二等車（旧）の中で、ある上流風の女が、弁当を買った。一箸つけて、顔をしかめ、それを座席の下に、投げ込んでしまった。

他の話の場合だと、それを見た一人の壮漢が、イキナリ女の横ッ面を殴りつけたというのが、定石のようになっているが、この話は少しちがう。

彼女の前に、年輩の坊さんが乗っていて、捨てた弁当を愚僧に頂かしてくれないかと、頼んだそうである。女は、足で弁当を掻き寄せ、坊さんに与えたそうである。それを押頂き、坊さんは、ユックリと、一粒も余さず、弁当を食べ終って、どうも有難うございましたと、厚く礼を述べたそうである。

その時、その女が、どんな顔をしたか、話の語り手は、そこまで述べてくれなかったのが、残念だった。案外、あたしの食べ残しなんか狙って、いやなエロ坊主だよなぞと、自惚《うぬぼ》れていたかも知れない。しかし、彼女も人間であってみれば、生涯に一度ぐらいは、ハッとこの時のことを思い出すかも知れない。そうしたら、ほんとに、穴の中に入りたい気持になるだろう。

これくらい、痛い叱責は、ちょっと類がない。どこの坊さんか知らないが、なかなか偉い人がいるものだと思った。

信州の洋食

ずいぶん昔の話で、私は旧制中学の五年生ぐらい、同行者のTは、海軍兵学校生徒であった。そのTが、潜水艦の方で偉くなって、海軍中将までいって、戦争で没落して、現在は、心臓衰弱のヨボヨボ爺さんであるから、太古を語るようなことになる。

暑中休暇に江田島から帰ってきたTと、信州旅行をすることになった。彼も私も、信州というところを知らない。最初、上州へ行って、妙義山にのぼって、それから信州へ入って、最後は、甲府の私の親戚の家に泊る——四、五泊の旅であるが、旅費は、十五円ぐらい、お互いに、懐中したかと思う。最後の泊りは、タダであるばかりでなく、ことによったら、伯母が小遣いぐらい呉れる希望があった。

最初の泊りは、上州の磯部鉱泉であったが、鯉のアライと、鯉コクと、卵焼きを食わせたと思う。その次の晩も、信州のどこかに泊ったと思うが、やはり、鯉のアライと、鯉コクと、卵焼きが出た。そんな昔の旅館の料理を、よく記憶してると訝《あやし》まれるが、どこでも、同じ料理を食わせたという理由で、頭に刻まれたのであろう。

今では、信州もすっかり開けて、旅館の膳も、マグロのサシミと、エビ・フライを食わす。軽井沢なんかは、中華料理でも、ロシヤ料理でも、相当の店が出ている。

しかし、当時の信州は、まったく鎖国的であって、信州で穫れたものを、信州の料理で、旅人に食わせた。

長野へ着いて、善光寺へ参詣して、大通りの大旅館へ投宿した。三階建ての旅館で、これくらい大きな旅館ならば、牛肉ぐらい食わせるだろうと、見当をつけたのである。

ところが、その旅館でも、鯉のアライと、鯉コクと、卵焼きだった。もっとも、旅館が大きいだけに、二の膳がついていた。朱塗りの丸い重箱が重なってるから、大なる期待のもとに、フタをとってみると、黒々とした太いソバが、充満していた。今なら、歓声をあげて、飛びついたろうが、その時はガッカリ。

その頃は、Tも私も、肉類――ことに洋食が好きで、今の若い者もそうだけれど、明治少年の肉好きは、日本国民の新しい食物嗜好《しこう》が始まってから、そう間のない時代であるので、狂熱的であったかと、思われる。

そして、翌日は、松本へ出たのだが、お城の見物をして、午飯時になったら、もう、洋食が食いたくて、どうにもならない。松本は、とにかく、市であって、洋食屋の一軒ぐらいないわけはない。駅前から、繁華街にかけて、洋食屋のありそうなところを、セッセと、探し廻ったのだが、影も形もないのである。

ついに、Tが、根気を切らして、行人に訊いた。

「どこかに、洋食屋はありませんか」

すると、行人は、「ある」という。地獄で仏の福音であって、詳細に道筋を聞く間も、胸が踊った。

ずいぶん、複雑な道筋であったと思う。とにかく、教えられた場所へ行ったが、洋館もなければ、ペンキ塗りの看板も出ていない。普通の田舎の料理屋式の家があって、シンとしている。

まちがいではないかと、念のため、

「洋食ができますか」

と、訊いてみると、

「ハイ、できます」

その当時、横浜にインゴ屋という有名なお座敷洋食があり、恐らく、そんな家ではないかと、私は考えたのだが、通された座敷は、裏二階で、樹立ちに囲まれた庭を見下し、純然たる料理屋の座敷だった。

私たちは、カツレツとライス・カレーを、注文した。女中の少女は、直ちに諒承して、引き下ったが、いつまで経っても、料理を持ってこない。よほどハヤらない洋食屋と見えて、家の中は、物音一つ聞えない。

一時間近く経って、やっと、女中が出てきたから、ヤレ嬉しやと、舌なめずりをしたところが、洋食の皿ではなくて、一棹《ひとさお》の三味線なのである。それを、座敷の隅へ置くと、少女は、黙って、階下へ降りて行った。

「なぜ、三味線を持ってきたんだろう」

「料理が、手間が掛るから、退屈しのぎに、三味線でもひいてくれ、というのだろう」

二人は、シャレをいうほど大人ではなく、真剣に、そう思ったのである。

ところが、やがて、階段に足音がして、スッと入ってきたのは、一人の芸者だった。それも、年増芸妓で（つまり、われわれより年長者で）ベッタリと、餉台《ちゃぶだい》の向うへ坐って、何か話し出した。

これは、えらいことになったと、私は恐怖した。芸妓遊びを強要されるのだから、大変な勘定書を出されることになり、残り少なの旅費の二人分を合せたって、払い切れるものではない。Tの方を見ると、彼も青い顔をしてるが、私より三つ年長だけあって、少しは落ちついていた。やがて、彼は、軍人の卵らしく、決然と、階下へ降りて行ったが、帳場で何を談判してきたのか、帰ってきた時は、やや明るい顔でいった。

「とにかく、早く食って、早く出よう」

やっと、女中が運んできたカツレツとライス・カレーに対《むか》って、動作を開始したのだが、一口食って、呆れてしまった。

そのまずさ加減といったら、話にもならない。家でオフクロがこしらえてくれるカツレツやライス・カレーの方が、どれだけウマいか知れない。あれほど肉にカツエていた私たちが、半分を残したのだから、そのまずさが知れる。まずいというより、カツレツなぞ、固くて、歯が立たないのである。

外へ出た時には、まったく、ホッとした。第一、われわれの懐中で、どうやら、勘定が払えたこと（これは、Tが帳場で金額を交渉してきたそうである）、芸妓という恐しい女性の前から解放されたことが、安心の原因だった。

今から考えてみるに、その洋食屋は、われわれからボルつもりで、勝手に芸妓なぞ寄こしたのではないらしい。料理屋へ上れば、芸妓を呼ぶものという、土地の風習があったのだろう。そして、その料理屋は、日本料理のほかに、洋食もできるという、進歩的な料理屋だったのだろう。

何にしても、松本のその料理屋は、今だに、私の記憶に、深く残ってる。私の生涯のうちで、最もまずい洋食を、提供してくれたことと、芸妓というものを、初めて座敷で見せてくれたことで。

鉢盛料理

伊予の鉢盛ということは、かねて聞くところだったが、二十年末、その地に戦後疎開を敢行して以来、一再ならずそれに遭遇して実体を詳《つまびら》かにするを得た。

鉢盛とは読んで字のごとく、鉢に料理を盛り込むのであって、一鉢一品、多くの鉢を宴席に並列し、食時にこれをとり分けるのである。その特徴から生じた名であって、料理そのものに大異あるものではない。

鉢は漆器または陶器であるが、その形状と大きさは鉢というより盤に近い。昔、十円ぐらい鮨を注文すると、ヘイお待遠様と、岡持ち一ぱいぐらいの大皿に満載したものを直ちに届けてきたことは、夢のごとき話だが、大体、あの鮨皿の形と大きさに似ている。漆器製のものは、朱塗りに唐草の蒔絵なぞが多く、相当絢爛たるものがある。すこし格のある家では鉢をのせる高脚膳、料理をとりわける木皿、とり箸に至るまで、同様の塗りと蒔絵のセットとして取揃えている。

私が最初に鉢盛料理に接したのは、この町の素封家の婚礼披露だった。鉢盛が晴れの日の料理であることはいうまでもないが、この日はとりわけ念が入っていた。導かれて座敷に入ると、猪口と箸をのせた会席膳がコの字なりに広間を縁どってるのは、どこの国も異らないが、その中央の畳の上に約十五ほどの高脚膳が二列に置かれ、それには鉢盛料理がズラリと列んでいる。

一瞥するに、鉢盛料理は観るための料理なるかを疑わしめる。婚礼のせいもあるが、松や蔽を配した台の上に大鯛が姿のままで跳躍の形を示し、その下に波浪重畳たるごとく鯛の刺身を列べてある。いわゆる活け作りかと思ったら、大鯛の中身は空ッぽで、大根が詰めてあるとの話だったが、実に、躍るがごとき姿である。次に甘鯛の頭つきが鉢の中で尾を反らしているが、これは姿鮨といって中身は飯であった。また、一種のヌタのごときものの鉢の上は、各種のソボロや卵黄をもって寿の字を描いてあった。その他、口取り、酢の物、煮物、焼物を問わず祝賀のモチーフによる図案的な意匠で盛られ、彩られ、どうも食べ物というより飾り物に近く、床の間に置いてあるおめでたい島台と大差はなかった。デコラチーフな料理といえば、フランスの宮廷饗宴なぞに極端な例もあるようだが、鉢盛は料理の全部がその意図に貫かれ、かつ食べる前に全部が陳列してあるところが、観るための料理として徹底していた。

私なぞはこんな料理は眺めるだけで、むしろ鰯の丸干しで一盃やった方が気が利いていると思うが、客は慣れきってるとみえて、べつにその美観を嘆賞することなく、装飾物が早く口腹に入るのを待つごとくであった。

やがて、紋つき袴で羽織だけ脱いだ男数人が出てきて鉢盛の周囲をとり巻き、長い蒔絵の箸で料理を崩し始めた。扱いにくい長い箸を巧みに操作して、手早く木皿へとりわける。刺身なぞはまだいいが鯛の浜焼となると、なかなかむつかしそうだ。殊に、摺芋《すりいも》のごときものがあったから、いかがするかと見ていたら、イタリー料理のボーイがスパゲチをとりわける時のように、箸でクルクルと巻きとったには驚いた。

とりわけ木皿を盆にはのせず、じかに客膳にもってくる。料理の数が多いから、膳は見る間に木皿で埋まってしまう。しかも木皿が同型で同じ塗りであるから、変哲もないこと夥しい。ことに刺身や酢の物が塗物の上にのってるのは、薄汚い感じである。それから刺身醤油が膳に出ない、醤油は刺身の上から、ブッかけてある。かけ醤油というのは縄のれんの料理にあるが、あれともちがう。第一、ツマはあるが、山葵はおろか生姜の姿もない。装飾にこれ努めたってこんな忘物をしては困ると、私は田舎者を軽蔑したが、これは彼らの方に一理あったことは後段に説く。

しかし、田舎臭いという点はやはり相当で、こんな晴れの日の膳なのに、巻鮨と饂飩《うどん》が鉢に盛られていた。聞けばこの二つがないと、献立てにならぬそうである。饂飩は汁気が少しもなく、黒鯛や椎茸なぞと煮たものである。巻鮨はソボロ入り海苔巻きである。それと、酒器に徳利を用いず、アルミの小さな湯沸しで酌して廻るのは、豪華な宴会に似ざるものだったが、客は少しも訝《あやし》まない。一体、この地方は火燗《ひかん》が行われるが、そのセイかも知らぬ。少なくともアルミ湯沸しは代用として使われたのでなく、他の素封家へ招かれた時にも、その湯沸しの新品を数十となく所蔵し、宴会の時のみに用いるのを知った。奇習というほかはない。

実に魚貝の多い献立てで（鳥肉らしきものが一種あったほかは）それを一ぱいに膳に列べ、順序というものはない。しかも一皿を空にすると、かの接待人が眼敏《めざと》くそれを持ち去って、同種のものを充たしてくる。だから、いくら食べてもキリのないことになる。私はやがてこれは牛飲馬食の料理だと、気がついた。

序にこの接待人について一言すると、彼らは決して家の雇人ではない。来客中で多少顔も売れかつその家に縁故深きものがその役に任ずる。この役を「オトリモチ」という。オトリモチは必ず男性であり、相当年輩のものである。だから、なかなかサービスの法に適っていて、帝都の女ボーイの比ではない。しかし素人であるから、懇意の人に対しては特にお替りを頻繁に行うなぞの悪弊がある。その代償は次の宴会の機会に酬われる。その夜の客が次にはオトリモチの役となる場合が多いからである。

しかしオトリモチはとりもちのみをしてるのでなく、宴果てて後彼らのみの宴会が行われる。決して残肴を啄《ついば》むのではない。鄭重な家では翌日改めてオトリモチを招待するとのことである。

オトリモチと等しく興味あるのは、料理人である。この日の宴会には一、二人の料理屋板前が混じったようだが、大部分の料理人は半素人であった。いや素人といっては語弊があり、料理人にしてやむをえずポンプ屋とか時計屋とかを営むというべきである。

というのは、この町では料理屋で晴れの食事をする習慣がないからである。婚礼も法事も家格が高ければ高いほど、わが家で行うを誇りとする。そのために、宴会専用の別棟大家屋を備えている家なぞもある。私の家主の家がそれである。外観内容ともに、川崎大師あたりに散見する料亭と変りはない。したがって膳椀等の備えも、単位は百人前となっている。貧家においても、十人前宛のそれを欠かさない。そんなわけで、料理人はことごとく出張料理人であるが、小さい町のことゆえ、そう毎日盛宴は行われず、彼らがポンプ屋なぞを兼業する必要を生じてくるのである。甚だ興味あることである。

この町で嫁とり婿とりの宴会を三度やると、大がいその家の身代が潰れるというが、名もない小さな町の癖に、招客ごとにはひどく気張ってみせる風がある。この日の素封家のごときは、ちと灰吹屋の譏《そし》りがあるのだが、それでも鮮魚代のみに一万数千円を費したと聞いた。鉢盛の道具類は素封家のことゆえ、家代々の素晴らしいものを蔵しているから、敗戦後とも思われない豪華な宴会を現出したのである。

しかし、私は料理は食べきれず、また鉢盛はことごとく冷たい料理であるから、そう満足したわけではなかった。もっとも、吸物が一回出た。昔の物資裕福時代には三回出ることもあったそうだが、その晩の吸物はいうに足りなかった。ただ「吸物の挨拶」というものがあり、主人が羽織袴で平伏したには驚いた。それが宴会は後期に入って、胡坐《あぐら》をかいて飲む合図だそうである。

右は鉢盛料理の宴会として代表的なものであるが、その後私は自作農の家の法事にも、町の商人の家の誕生披露にも招かれ、各様のそれを味わった。もちろん規模と内容においてて差異があるが、たとえ農家のそれでも美しく盛り込もうとする意図は、十分に汲みとれた。鯛が鯵《あじ》に代り、走りの野菜が自家の畑の大根に変ずる時があっても、その形式は大差なく、また巻鮨、饂飩、飯時の五目飯は必ずつき物である。それから貧家の方がかえって普通の徳利を用い、前記のアルミ薬缶は上流の風であることも知った。

私は最初のうちこそ珍しかったが、次第に鉢盛料理を殺風景に思うようになった。そこで都会生活の経験ある町の人に、会席風と鉢盛といずれを愛するかと訊いてみた。

彼は言下に後者を選ぶことを答えた。始めは人数が殖えても減っても便利であるからなぞと、強いて理由づけをしていたが、実はこの形式でないと土地の人は寛いだ飲食ができないらしいのである。東京や大阪の宴会はママゴトの食事のようで、第一、量が足りない上に、窮屈で、帰途に更めて食事がしたくなるそうである。そういう点から、私が鉢盛を視覚美の料理と解したは皮相の見で、量や種類の豊かさを味わう目的が主なのであろう。装飾の真意は、そのデモンストレーションであろうか。牛飲馬食に入る前の、アペリチーフであろうか。本来、饗宴は人生の豊かさを経験するためであるから、定食何円の会合のごときをもってすべてを律しがたい。

それにしても、刺身に醬油をブッかけるのは蛮習であろうと質問したが、これまた、先方に理があった。漁場に近き彼らは実に鮮魚の味をよく知っていた。例えば鯛にしても、釣ったもの、網のものの相違はもとより、活きた鯛よりも釣ったその場で頭部のある個所を刺したものを、適当の時間後に食事する方が遥かに味よきことなぞを述べた。また、わざと生簀に一週間も置いて、痩せさせた鯛の味なぞも賞讃した。そして、そういう微妙な鮮魚の味は、山葵や生姜を用いると、どこかへケシ飛んでしまうというのである。ブッかけは蛮習かも知れないが、醬油のみで食する方が真に鮮魚の味がわかるというのである。山葵がなければ食えないとおっしゃる東京人の気が知れぬといわれて、これはさもありなむと、引退るほかはなかった。要するに、鉢盛料理はあらゆる意味から、海岸の料理であり、生産地の料理であった。材料の質と量と種に十分恵まれなければ、結局、愚劣な料理というほかはない。実は小生も戦争を経験して、つくづく、文士の無常を感じ、再び上京の暁には鉢盛料理を開業して、長崎料理の向うを張らんかと考えたが、東京では算盤がとれぬと悟り、大いに失望したのである。因みに、伊予の鉢盛といったが松山あたりにこの風はなく、伊予南部から土佐西部にかけて、特に行わるる料理であることを付記する。

冷さつま

昨今（二十年現在）の食糧不足の時に食物の話でもあるまいが、こういう時にはせめて話だけでもという説もなりたつ。どっちにしても、米は食えないのだが、私の今いる地方は米の料理が非常に多い、なんでも飯の上にかけて食う。かける材料によって名がちがうことになる。結局飯がご馳走なのであって、何杯もお代りするのが通例であるから、時節柄、甚だ怪しからぬ料理である。もちろん昨今は農家以外にそんなものは食べられない。

いろいろ種類のあるうちに、さつま汁というのがある。さつま汁といえば、ブタ肉か鳥肉と野菜のミソ汁が普通であるが、この地方のはまるで趣を異にしている。一体、さつま汁なるものは、薩摩の国からの伝来であることはさつま芋とひとしく、易《たやす》く想像される。しかし発祥の地ではどう呼ぶかと、いささか好奇心を起して、鹿児島へ行った時に聞いてみたら、ブタ汁というとのことだった。では鳥肉を用いた場合になんと呼ぶかと聞いたら、それは鳥のブタ汁ゴワスという返事だった。してみるとさつま汁というものはブタを本格とし、あるいは表象するものと考えて差支えないわけだった。

ところが、この南伊予の国のさつま汁は、ブタも野菜も混入していないのである。白身の魚を焼きそれをミソとともにすりつぶし、水を加えたものに過ぎない。いわば冷めたいミソ汁である。それを暖かい飯にかけて食うのである。薬味として青ネギ、チンピの類を用いるが要するに変哲もない料理である。結局、飯をたくさん食う手段のごときものである。それをいかなる理由でさつま汁と呼ぶか、本場並に一般のさつま汁とにている点は、たいミソを用いる点のみである。してみるとさつま汁におけるブタは必ずしも表象と称しがたい。問題はむしろミソにある。ミソと薩摩の国の関係をたずねなければならない。

そんなことをいうと暑苦しくなるが、当地のさつま汁にも夏向きのヴァリエーションがある。冷さつまがそれである。これはキュウリを薄く切り、冷飯の上に盛り、ミソの薬味をふり前記の汁をかける風味甚だ日本的で、かつ南国的である。したがって何杯でも食べようと思えば食べられる。ただ、時節柄、そんなに食べてはならないだけのことである。

西南食物誌

べつに、九州へ食道楽をしに行くほど、不了見も、閑も、持ち合わせなかった。最近、所用あって、九州西南部を一周した際に、自然に口のなかへ入ったものを、列挙するに過ぎない。

島原

小烏賊《こいか》の塩辛が、うまかった。小指の尖《さき》ほどの、小さな烏賊を、姿なりに塩辛にしたもの——普通の烏賊塩辛のごとく、ドロドロしていないだけでも、ありがたい。

小浜温泉

雲仙を降って、小浜に着いて、いい加減に飛び込んだ旅館が、新築で、宏大で、熱海風だった。別室の六畳に、ベッドが置いてあった。私はこんな旅館を好まない。だから、二の膳に冷たいチキン・カツレツを持ってくるに相違ないと、覚悟していたが、あるいは持ってきたのかも知れないが、一つの好下物《さかな》のために、すべてを忘れてしまった。酢の物にシコがついてきたが、こんなウマいものは、近来食ったことがなかった。

「ウマいね。この辺で、この魚のことをなんていうの？」

と、私は、女中さんに訊いた。

「イワシといいます」

鰯には違いないが、なんとか、いいようがあろうと思った。東京だって、シコという言葉があるのだ。もっとも、イワシノコの縮称であろうが――

「でも、イワシです」

女中さんは頑強に主張した。

一体、熊本からここまで来る間に、どこの旅館の女中さんも、味も素気もない標準語を使う。旅館も、標準料理や標準サービスを心掛けて、一向、土地の特色を出そうとしないようだ。私はシコを呼ぶ方言が、必ず存在するとの自信の下に、穿鑿《せんさく》を進めたら、果して、エタリという言葉を、発見した。

エタリは小浜の海岸の名物だともいうが、いささかの腥《なまぐさ》みもなく、軽く、しかも、滋味深かった。酢の物といっても、頭の骨を去った身へ、少量の二杯酢が掛ってるに過ぎなかった。

「頭を捥《むし》る時に、まだ生きていて、可哀そうでした」

と、女中さんがいったが、さもありなんと考えた。

長崎

友人の案内で、ある料亭で、名物の「千代蒸し」というのを食った。大鯛の頭のスープ煮のようなもので、もちろんまずくはなかったが、関西料理を憶い出させた。それよりも、旅館の膳に、豚が多くつき始めたのを、興味深く思った。高野豆腐の間に、サンドウィッチ風に豚の挽肉を挟んだものなぞ、東京でも、関西でも、出る智慧ではないと思った。ハムもウマかった。

チャンポンというものは、ここの四海楼というシナ料理店で味わったところによると、純然たるシナの麵料理である。多奇なきシナ饂飩《うどん》である。しかし、九州到るところで行われるチャンポンは、折衷料理である。必ずカマボコが入ってる。そのカマボコも、紅で染めてある。三角《みすみ》港で船を待つ間に食ったチャンポンなぞは、豚肉不足のために、章魚《たこ》が用いられていた。チャンポンという普通語の語意は、折衷にあるか、混合にあるか、ちょっと首を捻った。

天草

天草の富岡の旅館は、小さく、汚ない家だったが、異れる魚介八種を用いた膳には、いささか度胆が抜かれた。曰く、海栗《うに》、烏賊《いか》、鮑《あわび》、蠑螺《さざえ》、海老、鱚《きす》、鯛、鮪である。どれも、新鮮無比だった。よほど、魚介の豊富なところに相違ない。

生海栗は、長崎でも食ったが、天草には及ばない、しかし、あまり頻繁に出されるので、有難味を減殺する。特に、ウマかったのは、烏賊の刺身だった。烏賊サシなるものを食うようになったのは、東京でも近年の風習だが、私は黴菌《ばいきん》も恐ろしく、また味も単純なので、滅多に手を出さなかった。だが、九州へ行ったら、烏賊の刺身を食ってみろと、誰かにいわれ、それを天草で実行してみると、なるほど、これは格別だった。到底、銀座裏の烏賊サシの比ではなかった。醬油でなく、酢を用いるのも、原味を損わざる所以《ゆえん》かと思った。

しかし、なにからなにまで、天草の魚を推賞するわけではない。鱚のごときは、不味で、東京の近海産に劣る。キビナという、鰯に似た魚は、天草の名物らしく、土地の人は大いに自慢していたが、それほどとは思わなかった。ただ、銀地にクッキリと青縞の通った姿は、御召の着物でもきてるようで、ずいぶん粋な魚である。

牛深で泊った時に、小浜のシコを憶い出し、その話をしたら鰯の刺身を持ってきた。それも天草料理だそうだが、腥くて、二、三片でやめた。

鹿児島

指宿《いぶすき》温泉で、旅の疲れを休めてる間にも、食膳に、よく豚料理が上った。カク煮と桜島大根の煮物なぞ、土地の匂いが浸みていた。

鹿児島へくると、その夜の膳にさつま汁がついていた。私は、自分が唐芋地帯を旅してることを憶い出し、薩摩でさつま汁のことをなんと呼ぶかを知りたくなった。

「やはり、さつま汁と申します」

この宿の女中さんも、標準語をもってそう答えた。

鹿児島には鹿児島らしい豪快な料理が、ありそうに思えた。例えば、あの巨大なる桜島大根を輪切りにして、風呂吹きにでもしたら、よほど豪快なことに違いなかった。しかし、さつま汁の椀の中に入ってる大根は、滑稽なほど、上品な賽《さい》の目切りだった。

市の郷土課が催してくれた会で、私は鹿児島の地方料理のことを訊いた。これは、頗る純真な動機から、訊いたに過ぎない。しかるに、その翌日、旗亭風景楼に案内されて、名物豚骨料理をご馳走になったのは、何だかセビったようで、キマりが悪かった。豚骨――トンコツ料理というのは骨つきの豚肉を、蒟蒻《こんにゃく》とともに、味噌煮にしたものである。いささか豪快の趣向であるが味は水たきの鶏のごとく、淡泊だった。

「これは、料理屋式ですが、素人の家で行うのは、味噌も真ッ黒で、こんなものではありません」

と、同行の平川歴史館長もいっていたが、恐らく、トンコツの真諦は、そっちの方にあるのだろう。

ところで、望外にも、その素人の作った郷土料理を、同じ日の晩に食うことができたのである。市県会議員で観光協会理事の相良《さがら》氏が、母堂の手を煩《わずらわ》した「酒鮨」なるものを、わざわざ、旅館へ届けて下さったのは、ご親切、身に浸みて嬉しかった。見れば、正円形の厳丈な塗桶——ゲテ趣味横溢の鮨桶に、同じ塗物の釜蓋のような重い蓋が掩ってある。これが、押し石の役をするらしいが、それを除けると、五目鮨のお茶漬のような、濡れた内容が、一ぱい詰っており、その水分が地酒なのである。地酒はつまり土地の酒かと思うと、大違いで、味醂のごとき調味料を意味する。味醂のごとき粘稠味《ねんちゅうみ》も、悪甘さもない。見本に一壜届けられたが、シェリイの味によく似ていた。これをもって、鮨をナラすのであるが、混和する具は、筍《たけのこ》を主に野菜、バカ貝、鯛、海老、カマボコ、ツケアゲ、卵焼等である。本来は、山椒の芽を一面に敷き、その移香を賞するのだそうだが、二月のことで、生姜が代用してあった。木の芽と筍を不可欠とするので、無論、初夏の季節料理なのである。

味は、シツコいごとくして、意外に、しからず、私は、三杯お代りをした。咽《む》せるごとく、地酒の香が鼻に沁み、女子はこの鮨に酔払うそうだが、当然のことと思われた。いかにも南を感じさせる料理である。

しかしこの酒鮨をつくり得る女性は、鹿児島でも、もはや老人のみということだった。若い女性は、もっぱらチキンライスが好きになった許りでなく、あの古風な鮨桶を常備する家が、次第に少なくなったといえば、作りたくても作れぬ料理となるのも、もう間もないことであろう。

早春味談

ここの（南予）海に海鼠《なまこ》がたくさんいると聞いて、私は食慾を催した。胃酸過多のせいか、酢の物は好まないが、海鼠のそれだけには箸を出す。それに、あの味は、遠く離れた東京の小料理屋を思わしむに足る。私は、土地の人に手に入ったら届けてくれと、頼んだ。

「おやすいご用じゃが、あがいなものが、食べられますか、タワラゴみたいなもの、ここでは誰もよう食べよりませんが……」

彼は、胡散《うさん》な顔をした。この辺では、ナマコといわず、タワラゴと称する。入海の底に、やたらに棲息《せいそく》してるらしいが、人間の食物とは考えていない様子である。

「ええ、寒中が、殊にウマいです。結構な、酒の肴です」

二月の初めで、青海苔の眼覚めるような緑が、漁家の軒に干される頃であった。私は、早春の好下物《ざかな》を期待してると、間もなく実物が届けられた。形態は、東京の魚屋さんが持ってくるのよりやや小形で、色も黄と赤が勝っていたが、とにかく海鼠にちがいなかった。その晩、早速家人に三杯酢にして貰い生姜も忘れず添えて、膳に上せたのであるが、サッパリウマくない。おかしいほど、ウマくない。確かにナマコの味がするにもかかわらず、全然ナマコの美味を感じないのである。

「どがいでした?」

翌日、届けてくれた人が、訊いた。まずいというのも業腹だから、曖昧な返事をして置いた。

ところが、それに懲りず、同じ失敗を重ねた。今度は泥鰌《どじょう》である。泥鰌はドジョウで、べつに方言はないのであるが、ナマコと同様に、この土地では、食物の部に入らないのである。泥鰌は薬用としてのみ使われる。薬用といっても、食うのではない。指に腫物《はれもの》なぞできた場合、泥鰌を割いて、患部に貼りつけ、熱を吸いとる目的に用いられる。

「へえ、東京では、泥鰌を食べなはるかいな。それなら、これから獲りに行くけん、分けてあげますらい」

細君が指に瘭疽《ひょうそ》をこしらえて、泥鰌を獲りに行くという男が、そういったのは、やはり、早春の頃だった。私は、泥鰌は夏の物と考えているので、不審に思ったが、この土地では、今が季節だという。食べるための季節ではない。泥鰌を獲るに便利な時期なのである。水のない冬田を鍬で掘り起すと、いくらでも、泥鰌が出てくる由。

やがて百匁ほどの泥鰌が届けられた。形も中型で、見るからウマそうであった。しかし、気のせいか、寒中の泥鰌は、いやに元気がなかった。早速、柳川鍋にして食った。

泥鰌は、割りと当り外れのないもので、東京にいる時に、失望した経験は滅多になかったが、今度は、世の中に、こんなまずい泥鰌が存在するか、という感じである。ひどく、水ッぽい。大味というようなところを通して、ほとんど無味に近い。これでは、土地の人が食わぬはずだと、考えた。

それ以前は、海鼠や泥鰌のような結構な食物を、捨てて顧みぬと、私は嗤《わら》ったのであるが、やはり、人が食わないものは、それだけの理由があるのである。土地の人は、長い経験で、不味なものや有毒なものを、知っている。それで食べない。疎開者の猿智慧なぞ出すものでないと覚った。

それに懲りて、今度は、土地の人が賞味するものばかり食うことにした。そのうちに、町を流れる川で、白魚が獲れ始めた。

私はこんな南国で、白魚を食べようとは思わなかった。しかし、寒が明ける頃から、ほんの十日間ばかりの間、白魚が河を溯ってくるらしい。その形は、シラスのように小さく、東京の白魚のように、雲丹《うに》焼きにするなぞ、思いも寄らない。しかし、ここの白魚はピンピン生きている。それに橙酢《だいだいす》をかけて、直ちに食する方法を教えられて、試みてみたら、口中で跳ね躍り、喉チンコのあたりを擽《くすぐ》る不気味さに一度で辟易した。

ところが、白魚汁という方法も、同時に教えられて、あまり期待もなく、一口試みると、無双の味に驚嘆した。白魚は淡泊であるべきなのに、その濃美の味たるや、中華料理の燕《えん》巣《ず》でも食うようだった。生きた白魚からおびただしいヌメリと膏が出て、薄葛でもかけたようになる。こんなウマいものは、一生のうちでも、滅多に食えぬと考えた。

要するに、その土地で食うものを食え。

水　飯

生水を飲むなとか、旅は水が変るから気をつけろとか、日本人は飲み水を警戒する習癖がある一方、水を用いた食物を、ずいぶん好んでいる。冷奴だの、水貝だのという料理は、西洋にも、シナにもありはしない。

鹿児島県の川内《せんだい》付近では、おかしな野外食がある。盛夏のころに、渓流のほとりに、ソーメンを持って、遊びに出かける。まず、河原でソーメンをゆでて、それを、水の通過する岩のくぼみで、冷やす。岩質が、そういうクボミを、たくさんつくっているらしい。そのクボミを、大きなドンブリに見立てて、人々が周囲に、座をかまえる。もちろん、直接に、ハシをつける。そして、やたらにソーメンを食し、かつ、焼酎を飲むのである。

いかにも、薩摩人らしい好みで、面白い。しかし、清流の岩の中に、当分、食べ残しのソーメンが、泳いでるのを想像すると、気持がよくないが、薩摩人はそういうことを、気にしない。

清潔ということをいうならば、死んだ上司小剣《かみつかさしょうけん》さんの口から聞いたか、文章で読んだかした話がある。

大和《やまと》の山のなかの寺で、夏時、水飯というものを食う。最も上質の米を選び、うまく炊き上げ、直ちに、清流のもとに運ぶ。この清流が、非常に冷いのだそうだが、熱い飯をザルに入れて、たんねんに水でサラす。これは、小坊主の役らしい。飯粒が米にかえったように、固く、透明になる。同時に、手オケに清流の水を充たし、ザルとともに、寺へ持ち帰る。

それを、すぐ食べる。冷くなった飯に、冷い水をかけて、食うだけのことである。オカズは、ナスのつけ物に限る。それ以外に、何か食うと、水飯がまずくなるという。

これ以上に清浄な、もしくは厭世的な食物は、絶無であろう。この水飯を、小剣さんの潔癖と個人主義とに結んで考えると、面白くなる。昔、私はあの人とともに、文芸家協会の理事をしていたが、始終、世の中がツマらなさそうな顔ばかりしていた。

戦争中には、米をといでもいけないという炊き方があったが、この水飯は、炊いた飯をサンザン水で洗ってしまうのだから、栄養学の女史には悪くいわれるにきまっている。しかし、味の方はそう悪いことはあるまい。米の飯の味を究めるようなものかもしれない。そんなことよりも、仙人がカスミを食うような味が、第一なのであろう。濃い現世の味をきらえば、そんなことになる。寺で食うのも、場所を得ている。しかし、質素な食物なのか、ゼイタクなのか、ちょっとわからない。

美食家なんてものは、文句ばかりいってるうちに、こんな所へ落ち込んでしまうのだろう。食通のトドのつまりは水の飯――と、一句できそうであるが、なにか気の毒の感にたえない。上司小剣さんも、なにか気の毒な人であった。暑い銀座で、ギョーザでも食っている方が幸福であり体にもよいにきまってる。

雑煮

子供の時の私は、正月の食物が大きなタノシミだったが、雑煮だけは、例外といえた。一体に、もち（餅）というものを、あまり好まない子供であったらしい。その上、東京風の雑煮は、里芋、大根、青菜の湯がいたもの、もちもまた湯煮にしたものを用いるのが、例であって、坊さんでも食べそうな、淡泊な味であって、子供の喜ぶ道理がなかった。

ところが、私の母親は、少しゴヘイをかついだので、雑煮のもちは、元日より二日、二日より三日と、数をふやして食べることを、子供に強制するのである。

雑煮ほど、土地によって、変化の多いものはなく、京都あたりは、白みそを加え、もちも丸もちである。私は、戦時中、四国に疎開したが、あの付近も丸もちを用いていた。

それから、もちとともに加える材料も、東京が一番貧弱であって、南や北にへだたるほど、豊富になってくる。九州あたりでは、エビや、塩ブリや、カマボコ類や、その他、いろいろのものを入れる。東北や北海道でも、サケのスジコとか、ホッキ貝とか、味のよいものを添えるようである。

とにかく、子供の時に、マズい雑煮を、ムリに食わされた腹イセに、私は、独立するようになってから、細君に、慣例を破って、ウマい雑煮をつくってもらうことにした。トリと卵の雑煮だとか、スープ仕立ての雑煮にハムを入れるとか、いろいろやってみた。

ところが、そんな雑煮も、たびたび食べてるうちに、あきてくる。味にあきるばかりでなく、精神的に、何やら、もの足りなくなってくる。正月には、正月らしい食物の方がいい、という気持になってくる。そんな気持になるのは、中年期に入った証拠である。

そのうちに、私も、老年期に入った。新年がきて、数え年が一つ加わると思うと、不愉快になるのは、老人になった証拠にちがいない。すると、俄然、東京風の雑煮が、ウマくなってきたのである。野菜と煮たもちだけの淡泊な味が、何ともいえず、口に合うようになってきたのである。

もし、これが、私の生存と伝統とのとけ合いというようなことだとしたら、そう悪い気持がしないのである。

黄檗料理

この間、京都へ行って、半日の閑ができたので、宇治に出かけた。半日を消費するのに、宇治は手頃であった。黄檗山《おうばくさん》と平等院しかない所だが、後者は、若い頃訪ねたが、前者の方は、始めてであるし、黄檗料理を食う愉しみがあった。

胃潰瘍を患ったばかりでなく、野菜料理が好きになる年齢であって、数年前、京都へ行った時も、大徳寺の料理を食って、非常に満足した、黄檗の普茶《ふちゃ》料理は、音に聞えているし、大徳寺と流儀を異にしてることも知っているし、相当の期待を持っていた。もっとも、大徳寺以上という幻影は、描かなかった。戦前、阿佐ヶ谷だったかに、桃山という家があって、黄檗流の料理を食わせたが、珍しいだけのものだった。シナ料理の脈をひいてるが、あの式ならば、昔の偕楽園の精進料理の方がズッと、うまかった。大体、黄檗料理の見当はついていたが、本家本元という期待があった。

新聞社から申込んで貰ったが、本山は開祖の忌日で取りこんでいるので、塔頭《たっちゅう》の一つで、料理を準備するとのことだった。大徳寺の時も、塔頭の料理がウマかったので、その変更に不満はなかった。門前へ着くと、黄檗料理とか普茶料理とか、大きな看板を出した料理店が、何軒もあった。寺で食うより、窮屈でないからであろう。中には、以前は塔頭と思しき建物に、普茶旅館なぞと、妙な看板を掲げ、赤い温泉マークを添え書きした家もあった。

私は、寺で食うのは、一向、窮屈でないことを知ってるので、怖れ気もなく、××院の玄関に立ち、魚板を叩いた。黒いアッパッパーを着た老年のダイコクさんが、すぐ、座敷へ通してくれた。座敷といっても、須弥壇《しゅみだん》が次の間に見え、衣桁《いこう》に黄色の袈裟が掛っていたりした。床の間に、みごとに蓮が活けてあったりするが、何か、シナ臭い感じが濃かった。須弥壇が、かなり高い階段を昇った奥にあるのも、普通の寺とちがい、仏前に供えられた食器も、シナ料理に出てくる錫器のようであり、ただ、金色に塗られている差異があった。

やがて、料理が出てくると、この塔頭の住職が、挨拶にきて、食事の終るまで、餉台の側に坐り、いろいろ説明をしてくれた。料理は、筍羹《しゅんかん》、付揚《つけあげ》、麻腐《まふ》、雲片《うんぺん》、浸物《ひたしもの》、生盛《いけもり》、澄汁《すめ》なぞの順で出てくるが、どれがどれということも、どんな字を書くということも、住職に聞かねばわからぬのは、もちろんであった。

澄汁は、懐石の箸洗いであって、これは各自に、吸物茶碗に入れて出すが、後は、四人前を一皿に盛って、皆で、取り分けるのである。長崎料理と、よく似ている。大徳寺流は、こういうことをやらない。赤い高足膳に、一人前ずつの料理を持ってくる。別に、その方がいいというわけではないが、日本式とシナ式の寺院料理の区別を、感じさせる。黄檗の開山隠元禅師《いんげんぜんじ》は、シナ人であるから、日本へ宗教と一緒に、料理を持ち込んだのが、三百年の間に、こんなふうに、変化してきたのだろう。根はシナ料理であることが、油を多く使用する料理法とともに、取り分け式の食べ方となって、残ってるのだろう。

ところで、味のことであるが、私はかなり失望した。恐らく、昔はこの流儀で、ウマいものを食わしたにちがいない。今は、味の方は、まったくお留守である。近頃の若奥さんが、料理学校で習ったフランス料理を、メニュだけは忠実に揃えて、亭主に食わせたといったようなものである。

ただ、麻腐――つまり、ゴマ豆腐だけは、非常によかった。どこでも出す料理だが、普通のよりも遥かに弾力に富み、そして、ネットリと、濃美の味だった。黄檗のゴマ豆腐は、ちょっと普通とちがいますと、住職もいっていた。次に、醬油に染ませた、固い豆腐が、ウマかった。

しかし、飛騨の高山の角正《かくしょう》とか、大徳寺料理とか、純日本風の精進料理に比べると、ゴマ豆腐以外は、よほど幼稚だった。結論として、和式の精進料理にも、シナ人のコックにつくらせた精進料理にも、遥かに及ばないものだった。

しかし、和尚さんに、そうもいえないから、床の活花を、もっぱら賞めた。それから、本山の景気の話なぞも聞いた。昔は、すばらしい地所持ちの寺だったが、農地法で削られ、その上、建物修復なぞで金が要り、手許はラクでないとのことだった。一つの塔頭も、金銭関係で俗人の手に渡り、温泉マークを掲げる旅館となって、閉口してるということだった。

それでも、中国人の檀家は、かなり多いとのことだった。主に、在留の福建人だそうだが、専用の墓地もあり、一年一度の祭りには、彼らの参詣で賑うそうである。境内にも、彼らのための関羽廟《かんうびよう》があり、香華が絶えていないのを、私は、後の山内見物で知った。もっとも、墓地までは、見物しなかったが、それは、足が疲れたからであった。横浜の見物人は、オキマリのように、山手の外人墓地を訪れるが、私は、あれはツマらない。京洛を遠くない地に、昔から中国人墓地があるのは、面白かった。

そういえば、黄檗料理のうちに、豚の丸焼きがあることを、私は聞いていた。臘八《ろうはち》の接心の後に限って、そんな料理が出るという。坊主の癖に、豚の丸焼きを食うのは、面白いと思って、私は、和尚さんに、そのことを聞いた。

「いや、それは、訛伝《かでん》でして、中国人の祭りの後に、いわゆる精進落しがありますが、あの連中が連れてきた料理人が、そういうものを、山内でつくる事実はあります」

和尚さんは、そう答えた。私は、横浜育ちで、南京町の葬式だか、婚礼だかの行列に、その豚の丸焼きを担いで歩くのを、幼時に見ている。丸焼きであるから、頭も脚も、そのままの姿で、狐色に、油光りがして、ウマそうに焼き上げられ、紅紙が、頭や尻に飾ってあった。

福建人の檀家が、多いのは、やはり、隠元禅師が、福州から渡ってきたからだろう。私は、一人のシナの坊さんが、布教のために、小さな舟に乗って、日本へきた姿を想像したが、話を聞いてみると、そんな個人的な、小規模な旅行ではなかったらしい。日本から唐へ渡った坊さんは、勉強に行くのだから、一笠一杖の旅だが、先方からくるのは、国家が庇護したのか、宗団がバックしたのか知らないが、ずいぶん大掛りらしい。日本で、シナ風の寺を建築することを、目的の一つとした証拠には、大工や左官も、連れてきている。その他に、禅師の弟子たちもいたろう。三百年ぐらい前のことだから、付近に、きっと、その帰化人の末裔が、残っているはずだと思ったら、左官の家は死に絶えたが、大工の方は残ってるということだった。坊さんたちの後裔は、どうかと思ったが、当時は、皆、身持ちが堅かったとみえて、胤《たね》は残さなかったらしい。

建築ばかりでなく、先進国のシナから日本へ持ってきたのは、范道生《はんどうせい》の仏像彫刻や、売茶翁《ばいさおう》の煎茶道のほかに、種痘があるのは、少し驚いた。ゼンナの発見より、前のことで、どれだけ効く種痘だか知らないが、植えボーソーの観念だけは、同じだったらしい。

シナの禅宗の坊さんは、何でも、やってのけたらしい。医学はもとより、印刷術や土木術の心得もあったらしい。西洋でも、坊さんが科学者を兼ねていた時代があったが、きっと頭のいい奴が、坊さんになるという時代だったのだろう。

しかし、禅宗坊さんが、料理が上手だったり、裁縫の心得もあったというのは、どういうことであるか。その他、お茶も立て、花も活けたというが、皆、女のやることばかりである。そんなシツケを受けさせるのは、恐らく、女の世話にならずに、暮らしていこうという智慧なのだろう。女の要らない世界をつくりあげないと、修行の妨げになるからだろう。貧は諸道の妨げというが、これは牝《ひん》という字が正しい。売文の仕事をするのにさえ、女は妨げであって、私が飯も炊けず、フンドシも縫えないのは、不覚の至りだった。

食後に、塔頭の和尚さんが、山内を、案内してくれた。

実際、変った寺で、門にも、堂にも、きまって、聯《れん》がかかっている。本堂も、座禅堂も、畳がなくて、石瓦が敷いてある。坊さんが、経を読む時は、ワラの円座の上に、坐るらしい。袈裟や仏具や、礼拝の方法なぞも、普通の禅寺とちがうらしいが、看経を見られなかったのは、残念だった。楼門に白堊の塀が連なり、潜り門のアーチ形と、その上の緑色の字なぞ、まことに、シナ臭いが、ほんとをいうと、東京の大きなシナ料理店を連想した。鎌倉あたりの禅寺のような、きびしい空気がなく、きっと、シナの寺はこんな工合かと、思われた。そして宗教のことを考えるよりも、シナ小説のことが頭に浮び、西門慶《さいもんけい》なんて人物が、こんな寺院の奥で、何か濃厚なラヴ・シーンを演じていたのではないかと、考えた。

やがて、高い山道を登って、一切経の板木倉に導かれた。白いシックイ塗りの倉庫だが、米俵を入れたら、大変な分量になると思われた。その中に、ギッシリ、一切経の板木が入っているのである。

黄檗版の一切経というのは、宗教史の出来事として、大変なものらしいが、出版史の方でも、大きな項目らしい。近頃、ヤタラに全集が出るけれど、とても敵うわけがない。木板の手刷りでやっていた頃に、よく、こんな、大出版を企てたものである。角川書店や、その辺の本屋が、シャチホコ立ちをしたって、こんな企画を立てられるものではない。

これも、渡来僧の智慧かと思ったら、そうではなくて、出版企画者の鉄眼《てつげん》和尚というのは、生来の日本人だった。その坊さんの墓が、板木倉の空地の中心に建っているから、日本の本屋さんも、一度は、参拝の必要があろう。

私は導かれて、倉庫内に入ったが、桜やツゲ材の板木が、棚の上に、累々と積まれているのは、あまり、数が多いので、すぐ、見飽きてしまったが、倉庫の隅で、図らずも、一人の人間を発見して、眼を瞠《みは》った。高い丘の上の倉庫で、過去の臭いが、板木に浸みた墨の臭いと一緒になり、シンとして、人影もなかったのであるが、たった一人の老人が、シャツ一枚の姿で、セッセと、増版を刷っていたのである。

板木に、何度か墨を塗りつけ、黄味のある強い和紙を、その上に宛て、バレンで擦る。それだけの仕事を、朝から夕まで、誰も人のない所で、繰り返しているのである。

こんな職人が、今でも生きているのが、不思議だったが、一切経の増版が、まだ行われてることも、意外だった。鉄眼和尚の出版事業が、まだ、死んでいないのである。これは、増版などといっても、われわれのところへ、検印紙が廻ってくるのと、大分、値打ちがちがうと、考えた。

「まだ出るんですか」

私は、つい、何々社の主人に聞くようなことを、和尚さんに聞いてしまった。

「いや、般若心経《はんにゃしんぎょう》だけです」

「部数は、どのくらい？」

「今度刷ってるのは、一、〇〇〇部です」

聞きようによれば、俗臭を帯びた会話を交しながら、山を降りたが、私の黄檗見物のうちで、この板木倉のことが、一番、心に残った。

国産洋酒

一頃、方々のバーでは、盛んに舶来酒の買い占めをやったようだが、国産洋酒もバカにできないではないか。日本のビールが、英仏米のビールより旨いのは、定評があるが、ウィスキーもストレートで飲めば、結構なのがある（水や炭酸を割ると、苦くなるのが欠点だ）。人があまり眼をつけないもので、ブドー酒が進歩してきた。ポート・ワインは絶対駄目だが、ピューア・ワインは相当飲める。パリの倹約家が飲むアルゼリア産のブドー酒ぐらいには、イケルものがある（ただし白は未だし）。あの国産ワインを、名あるグリルで常備してくれぬものか。怪しげなメドックを飲むより、第一、安くていい。そうして水やビールで食事するより、数等、洋食らしい食事ができる。日本の洋食がまずいというのは、一つには、よきパンと、悪くともブドー酒が欠けてるからだ。

アルコール無き酒

こう酒が高くなってくると、いよいよ悪酒が出てきて、国民保健上の大問題となってくる。そこで、科学者にお願いしたいのは、アルコールのない酒の発明である。

私らはなにもアルコールが飲みたいのではなく、酒が飲みたいので、さらに一歩を進めていえば、酒が飲みたいよりも、酒を飲んだ時のようないい気持になりたいのである。それゆえ、酒の色をして、酒の味がして、そうして酒と同じような酩酊効果をあげてくれるものならば、必ずしも酒でなくてもよろしいのである。

酒でなければ、アル中になる心配もないだろうし、酒税のかかる理由もないから、一升二十円ぐらいで、鱈腹《たらふく》飲めるにちがいない。科学者はこういう実際的な問題に、ちと頭を使って欲しい。

酒と餅

酒も好き餅も好きなり今朝の春

虚子の句で、字は少しガサガサしているが、半折一ぱいに書いてある。私はこの正月に、この軸を掛ける。これは、姉からのもらい物で、好きで手に入れたのではないが、私もまだ喪中だから、日の出に松なぞは遠慮するのである。

しかし、春にこの軸をながめる気持は、一様でない。最初は、ひどく図々しい句だと思った。酒も好き、餅も好きというのは、どう考えても、憎らしい料簡である。自由党可、共産党また不可ならず、というのと、変りはない。ほんとに両方好きなら、あきれたものだが、その看板を出して置こうというなら、話は別である。しかし、酒餅ともに辞せずというのは俳句の方では、一つの心境なのだろう。

私なぞは、餅は苦手であった。子供の時から餅は嬉しくなかった。正月に餅が食えると喜ぶのは、地方の子供の話であって東京の子供はお雑煮の餅をムリにのみ込む。シルコも餅だけ残したりする。東京の正月には、餅よりもっと美味なものが、沢山あったからだろう。餅をいくつ食ったと自慢する風景は、私の周囲にはなかったようだ。

餅もなかなか味のあるものと知ったのは、大人になってからである。無味のごとくして、捨てがたい滋味に富んでいる。白い餅もいいが、アワ餅なぞが結構である。しかし二つ三つ食えば満足である。餅好きの人のように動けなくなるほど飽食するなど、思いも寄らない。

外国にいると、日本の食物に過度の幻影を描くのが常で、私も、パリで、苦労して餅を食ったことがある。タカラノヤマという店へ行くとカン詰の餅を売ってる。開けると真ッ白な、新鮮な切餅が入ってる。だが、焼くのに方法がない。炭火もなければ、餅網もない、仕方がないから、アルコール・コンロにフライ・パンを載せて、その上で焼いた。ひどくバタ臭い餅で、うまくもなんともなかった。

餅はその程度の因縁だが、酒となると、好きのきらいのといっていられない、年来の悪友であった。酒のための失敗、恥辱、損害——今さら数えても始まらない。あんなもの、なぜやめられないのか。私は酔うこともきらいではないが、酒の味そのものが好きである。もっとも、一合までの味をいうのだが、これは、まったく天の美禄で、タイしたものを発明したものだと思う。それでやめて置けば、失敗も恥辱もないが、つい、われを忘れる。

泥酔はまた泥酔の効用もあるが、若いうちの話である。老虎は月に嘯《うそぶ》くこそよけれ、銀座裏なぞ徘徊しても、画にならない。

天は胃潰瘍という刑を私に科し、もう一生、泥酔の機会もなくなったのは、われ人ともに助かるというものである。しかも、一合の目コボシが許されてるから、天の美禄を感謝することは困難でない。私はそれに白湯を割って、分量を殖やす工夫をするが、金魚酒は飲めなくても、わが手で水マシした酒は、決してまずいものではない。

現在の状態なら、私も酒は好きなりと宣言しても、無事泰平だろう。餅の方も、一ワンぐらいの雑煮は、進んでも食べたいから、きらいとはいえない。しかし、俳人の心境のごときものは、一向、私を訪れて来ない。右も利き、左も利く自由な精神は、わがものではない。といって一方だけ大いに利く能力もなく、早い話が、どっちもあまり利かなくなったのだから、今朝の春どころの沙汰ではない。

サケ

日本酒なぞという語は、面白くない。明治以後の国語混乱の結果に過ぎない。サケといったら、米から造った日本式工程の醸造酒であって、それ以外のものではない。外国人の方が、かえってSakéの語の正しい用法を知っている。

ところでサケとウィスキーと、どっちがウマいかということは、議論にならない。蒸溜酒と醸造酒とを一緒クタに批評できるものではない。まだ、サケとブドー酒とどっちが優れるかというなら、話がわかってる。

私はサケとフランスのブドー酒とを酒類のうちで、最も愛好するが、かつて優劣を考えたことはない。両方とも口に合い、両方とも非常に優秀な酒類と考えているのだから、仕方がない。ただ、日本に住居してるうちは、サケが断然よろしい。

日本の風土や料理がサケに適してることなぞ、論ずるまでもない。四畳半の湯豆腐鍋に、コニャックを傾けても始まらない。私のいいたいのは、日本のフランス料理を食う場合なぞにも、サケで間に合うということである。オウ・ドゥヴルから魚までは、ビールなぞよりサケの方がかえっていい。肉となると、国産ブドー酒でもブドー酒の調和には敵わないのは是非もない。

それほど、日本におけるサケはウマいのである。

外国ではちっともウマくないのである。私はパリの正月に高い金を払って、菊正宗を飲んだが少しもウマくなかった。

とにかくその国の国酒を飲むことがカンジンなのである。

しかし、最近、サケの味を知らぬ人が激増してる。カストリの影響のみならんや。サケの味を解すべくあまりに非日本的な環境のせいだろう。今に、一合も飲むとヘベレケに酔払うサケが、発明されるかも知れない。

キルシュ

酒の値下げが行われる。実にこれは日本二十年史中の画期的事件である。政府が酒徒に同情を垂れたのか。ドーイタシマシテ。ほんとは、今月あたりさらに値上げをしたいのを、歯を食いしばって値下げしたのである。無敵大蔵省何を怖るるか。もちろん、密造酒である。カストリである。少し値を下げたら、国民がカストリを飲まずに、税のかかる酒を飲むだろうという算段である。とにかく、値上げより、値下げの方がいいが、われら果して大蔵省に感謝すべきか、カストリ製造家に感謝すべきか。

しかし、密造酒は必ずしも酒の高価な国のみに存在するに非ず。民はどんなに酒が安くても、やはり酒を密造するものらしい。その証拠を、私はフランスで見た。

フランスぐらい、酒の安い国はない。セーヌ河岸で野宿する乞食が、ブドー酒を飲んでる。私のような貧書生も、毎晩、一リットルぐらいは欠したことはない。もっとも、大いに高い酒もあるが、一般日常用の酒が安いというのである。国産の新酒ブドー酒、林檎酒、ビール等を飲んでいれば、財布に影響はない。一リットル邦貨十銭ぐらいのブドー酒もあった。

そんなに酒が安い国であるのに、やはり、密造酒がある。もっとも、営利のための密造ではなく、自家用を目的とするそれである。

ブドーや林檎が多産される地方で、落果や過熟果の処分に困って、自家で酒を醸《つく》る。日本もフランスも天恵の収穫物を無駄にしてはモッタイないという思想があるからだろう。しかし、自家製ブドー酒なぞは、決して味のいいものではない。それは、要するに、ドブ的存在に過ぎない。ドブの方が清酒よりいいという場合は、稀有である。

ところが、私は一度、例外の経験をした。

あるフランス人が（女性であるが）田舎に帰省して、パリへ帰ってきた時に、一罎の酒を私のところへ持ってきた。山羊のチーズだとか、野兎のローストだとか、そういうものの土産は、よく頂戴したのであるが、酒は始めてであった。私はあまり期待もせずに、罎の栓を開けると、途端に、香水に似た芳香が鼻を打った。

「なんの酒だか当てて見ろ」と、彼女がいう。グラスに注いでみると、無色透明、いささかトロリとした感じの液体で、一口味わってみると、芳香は口一ぱいに拡がり、淡い甘さが舌に残る。その香味が、なにやら一度味わったもののような気がして、首を捻ったが、わからない。

「わからぬか。桜実火酒《オウ・ド・ヴイ・キルシュ》である」

そういわれて、ハタと膝を打ったのであるが、今まで飲んだキルシュと、全然、比較にならぬ上等品であり、殊にその香気たるや、桜桃《スリーズ》の生果を口に含むのと異ならない。こんなウマいリキュールがまたとあるだろうかと、感嘆久しゅうすると、彼女は笑って、

「これは、公然と持ち運びできぬものである。なんとなれば、百姓が密造したものであり、リキュールの密造は、特にヤカマシイのである。しかし、汝は酒が好きであるから、云々……」

と説明してくれた。

私は、その酒を宝物のように大切にし、毎晩食後一パイ飲むことに、自からを制限したのであるが、結局、二、三日で壜を明けてしまった。

それまでにも、私は度々キルシュを飲み、その後も、度々飲んだのであるが、あのような優秀なキルシュに接したことはない。

キルシュとはフランス語でなく、恐らくその酒とともに伝わったドイツ語であろう。だから、キルシュといわずに、オウ・ド・ヴィ・ド・スリーズという人もある。桜ンボのブランディの意である。ところが、英米人の好むチェリィ・ブランディなるものがあって、これもフランスに入っているから、混同されやすい。後者をシェリィ・ブランディなぞとも、発音してるようである。これはまったく酒としても別種のもので、後者は婦人用、食前酒であるが、キルシュの方は男向きであり、かつ食後酒である。

その後、密造キルシュ入手の機会なく、市販品で渇を医していたが、その味はいつまでも忘れ兼ねた。日本へ帰ってからは、市販品にすらお目にかかれず、残念であったが、偶々、横浜に一遊した時に、バー・ハンブルグなる家に立ち寄った。ドイツ人経営の酒場で、ドイツ・ビールを飲ませることで聞えていたが、私はビールを飲んでしかる後に、ふと、キルシュのことを思い出した。ドイツ人の酒場だから、キルシュを持っているにちがいないと考えたのである。

そのとき、バー・ハンブルグには、腕に刺青《いれずみ》のあるオヤジがいず、息子がカウンターにいたが、私は頗る覚束ないドイツ語で、

「アイン・マール、キルシュ・ワッサー、ビッテ」

というようなことを掛合ったのである。ドイツでは、キルシュのことを、キルシュ・ワッサーというと、小耳に挿んでいたからである。

ところが、碧眼の息子が私の前に運んできたのは、見るから美しく赤い色のついた液体で、これは少しちがうと思って、一口飲むと、桜ンボの匂いだけはするが、まったくアルコール分のない飲料である。

私は覚束ないドイツ語で、彼と交渉した結果、それが桜ンボのシロップであることを知った。あれくらい無念を感じたことはない。

カストリ学

国敗れて焼酎栄えるとは、いかなる理かは知らないが、都会と農村を問わず蒸溜酒が流行していることは、事実である。戦争中は密造を行うにしても醸造酒（いわゆるドブ）が多かったが、戦後は断然蒸溜酒にイスを譲った。味は悪くてもアルコール度の高いことと、冷やで飲む簡便さが敗戦国民の気に入るにちがいない。

焼酎は蒸溜酒の俗間語であって、ウィスキーは麦焼酎。「凱旋門」で評判になったカルヴァドスもリンゴ焼酎にすぎないが、国産としても米焼酎、イモ焼酎、粟焼酎等が数えられる。しかるに戦後前からカストリなるものが出現して、都会人の人気を博するに及び、その原料、酒造工程等に相当の好学心を喚起したようである。

例えば有名な小説家内田百閒氏の言として、カストリは焼酎の最下等なるものにして、高級なるものを焼酎と称すというディフィニションが伝えられている。これは誤伝にちがいない。博学にして荘重なる飲酒家である内田氏が、そのような定義を下すはずはない。恐らくそれは東京カストリの意であろう。

東京カストリは、終戦直後上京の際に試飲の機があったが、その味、臭気、酔心地なぞ、世界的に乱暴な蒸溜酒と称するに足りた。日本固有のカストリの名を恥かしむること、それより甚しきはない。しかも酩酊の際、特殊な生理的もしくは病理的現象を表わし、私をカストリ屋に案内した温厚な友人が、極めて執拗なるカラミストと変じたには一驚を喫した。

カストリの語はその本体の存在とともに古く、決して敗戦とともに生れたのではない。ただし、地方語もしくは専門語であって、少なくとも東京人は一般的にこの語を用いなかった。この語が多く用いられるのは、焼酎製造の盛んな地方で、芋その他の澱粉を材料とする焼酎に対し、酒カスから製する焼酎をカストリと呼んだのである。カストリのカスは粕であり、芋を材料とする焼酎よりも高価で、上等とされた。

ここで、アワモリなるものについて疑義を生ずるが、これは泡盛がアテ字であり、本来琉球で粟から製したものであるから粟盛が至当である。もっとも、近年は粟以外の澱粉を用いるとのことである。

私は先見の明があって、戦前すでにカストリを愛用した。鹿児島産カストリであるが、これに半量の水を熱して飲むと、香味絶佳であった。もっとも、鹿児島の焼酎飲みはカストリを軽蔑し、芋焼酎に真のダイゴ味を見出している。微かにただよう芋のにおいが懐しいらしい。臭気は日本酒にもあり、その酒を愛着させる因となる。東京カストリの臭気に至っては、金属的であって酒に関係がない。しかし、敗戦には関係があるらしい。

シャンパン談義

――シャンパンなんて、甘くて泡が立って、サケノミの飲む酒じゃねえ。

そういう文句が、「商船テナシチィ」の中にある。実際そうである。シャンパンを飲むくらいなら、ブルゴーニュの白を飲むがよし、あるいは、ウィスキー炭酸を飲むがよろしい。その方が男らしく、サケノミらしい。果して、「商船テナシチィ」の中でも、シャンパンが抜かれる場面は、酒を味わうためではない。バスチァンがテレーズを、口説くためである。シャンパンは、だから口説酒《くどきざけ》だ。

シャンパンの嫌いな女は無いといってよろしい。シャンパンを二、三杯飲ませて、二、三べんダンスをすれば、女の肉眼心眼ともに朦朧となって、ドーデモシテクレと気前よくなるのが、少なくとも、外国の規則である。白酒や味醂では、到底この効能は覚束ない。考えてみれば、便利な酒である。

僕は口説酒を用いるような、粋人ではないから、シャンパンを、他の目的に利用する。もっとも日本ではまだやった事がない。三井さん岩崎さんでも、多分、やっていないであろう。

僕は外国にいる時は、安ホテルの洋服箪笥の中に、いつも、シャンパンの小壜《ドミ・ブータイユ》を投げ込んで置く。そうして、宿酔した朝に、コーヒーの代りに、グッとやるのである。酔覚のサイダーと迎え酒の効用を、一本にして兼ねるもの、シャンパンを措いて、奈辺にあらんや。気分たちまち爽快となって、勉強したり、遊んだりする勇気が出る。たいへん贅沢のように聞えるが、その頃、邦貨換算小壜一本九十銭ぐらいである。一週間に一本ぐらい飲んだって、どうにかなるではないか。

だが、これは、僕の智慧ではない。大戦前のパリのダンディは、朝飯にシャンパン小壜一本、良きフォア・グラ、良きバタとプチ・パンのごときを食っていたと、なんかの本に書いてあった。それを、一度でいいからと、真似したのが、病付きである。

口説酒として用いなければ、シャンパンは、小壜を飲むのが、気が利いてる。一本で足りなければ、二本飲むのである。日本には、どういうものか、小壜が少ない。もう一つ、どういうものか、辛口《セック》ばかり輸入されてる。ほとんど、セックかドミセックである。シャンパンばかりは辛口は本格でない。といって、蜜のような大甘口《エキストラ・ドウ》なぞ、やはりいけない。グウ・アメリカンという、頃合いの甘口がある。これの小壜を、今は知らぬが、以前は亀屋にも、明治屋にも、持合せがなくて、ちっぽけな三浦屋だけに、置いてあった。

シャンパンは、冷たくして飲むぐらい、誰だって知ってる。だが、氷片を入れた銀の桶《ソオ》と、純白のナプキンだけは、是非欲しい。味で飲む酒ではない。雰囲気で飲む酒だからである。僕のように、シャンパン・グラスも用いないで、宿酔の水のつもりで、壜からグイ飲みなぞは、外道の下に属すること、もちろんである。

サイダー談義

　私は、酒好きの方だから、サイダーというものに、あまり、興味がない。まず、二日酔いの時に、必要を感じる程度である。宿酔には、ビールもいいが、つい飲み過ぎて、三日酔いの因をつくる。その点、サイダーが無事である。そのために、私の家には、常にサイダーを備えてあったが、この頃は、それもやめた。宿酔をするほど飲まなくなったからである。飲めなくなったという方が、至当であろう。ひとえに、胃潰瘍手術と、年齢のせいである。翌朝、サイダーが飲みたくなるのは、年に一、二回に過ぎなくなった。

　いよいよ、サイダーに縁が薄くなったわけだが、それを主題にして、何か書きたくなったというのは、戦後、ジュースというものが出現して、サイダーが落ち目になったのに、一片の同情を寄せたいからである。永年、宿酔の朝、厄介になった恩がある。そして、日本人のハヤリモノ好きの癖を味方する気になれない。

　もっとも、サイダーだって、ラムネというものの王座を、奪ったのだから、栄枯盛衰は当然かも知れない。そして一体、サイダーが、いつ、日本に出現したかということを考えてみる。これは、私自身に、正確なる記憶がある。

サイダーは、発売当時、シャンペン・サイダーと呼び、単にサイダーとはいわなかった。マークは三矢印であり、罎のレッテルにも、シャンペン・サイダーと書いてあった。それは、私の十一、二歳の頃で、日露戦争の直後だと思う。私は横浜にいたが、家の者が、シャンペン・サイダーというものが売出されたが、どんな味がするか、試飲しようと、氷水屋へ連れて行ってくれた。

サイダーの罎は、今の形と同じであり、沸騰性はさらに強く、味も刺激的で、色はレモン色よりも、金色を帯びていた。私は、ラムネの方が、ウマいと思った。家の者も、同様のことをいっていた。当時、ラムネには、なかなか上等品があり、キューリと称する瓜型罎入りのは特別ウマかった。

しかし、サイダーは、今のジュースのように、たちまちハヤリモノになって、宴会なぞにも、ビールと列んで、必ず、顔を出す世の中となった。ナニナニ・サイダー、カニカニ・サイダーと、日本ほど、多くの商標のサイダーが売り出された国はない。ずいぶん、突飛な名前のサイダーもあった。都会でも田舎でも、日本人は、実によくサイダーを飲んだ。

後年、私はフランスへ行くようになり、酒も飲み覚えて、宿酔の朝に、サイダーが飲みたくなる時が、度々だったが、フランスには、そんなものを売っていない。仕方がないから、リモナードで、間に合せて置いたが、後には、シャンパンの小壜を飲む方が、サイダーよりも、さらに効験あることを知った。

ところで、一日、フランスのシイドル（cidre）なる酒の綴り字を見ると、サイダーと同字なることを発見した。シイドルは林檎酒であって、ノルマンディの酒であり、そこの地方料理のトリップ・ア・ラ・モード・カンなぞと、調和する酒となってる。酸味とやや甘味があり、中には、沸騰性のもある。恐らく、日本のサイダーは、林檎酒のアルコール抜きという狙いでもあったのか。シャンペン・サイダーなぞと称したのも、泡立ちの工合ばかりでなく、味も林檎酒の甘酸味を模したのかも知れない。

しかし、サイダーは、畢竟、シイドルでなかった。酒ではないからである。シイドルは安酒であるが、とにかく酒である。全然、効用を異にする。サイダーを飲んで、いい気持になるわけにいかない。

ところが、戦前に、ポンパンというものが、売出された。これは、ほとんどシイドルであった。シイドルよりは、やや酒精分が少ないというだけであった。名を見ても林檎の仏名ポンムと、シャンパンのパンを繋ぎ合せた、日本式命名法に従っている。

戦時中の昼酒禁止時代に、ある地方で、洋食屋に入ったら、ポンパンの壜が棚に置いてあった。それを飲んでもいいかというと、これは酒ではないから、かまいませんといった。そこで、一本を命じたら、空腹の時であり、ホンノリ酔が廻ってきた。合法的に禁令を破った気持で、甚だ愉快を感じた。

タダ飲み正月

正月が苦痛になったのは、いつ頃からであったか。

今だって、元日の朝の気持は、不愉快というわけではない。朝だけでなく、元日一日ぐらいは、まだ我慢ができる。しかし、二日となると、陰気になって、やりきれない。三日は、最大の苦痛の日であり、夜になると、ヤレヤレ、これで正月が済むと、安心するのである。

なぜ、そんなに、正月が嫌いになったのか。結局、衣食住を改変したくないのである。衣服を更め、雑煮なんてものを食い、床の間を飾ったりするのが、どうも面倒である。それから、年始客というものも、正直な話、愉快とはいえない。私は酒が好きだが、飲みたい時に飲みたい。年始客と、午前十時とか、午後三時とか、ハンパな時に、盃を手にするのは、ちっとも嬉しくない。それに、正月の料理はきまっていて、ウマく酒が飲める仕組みになっていない。

それで、客を避けるために、熱海に逃げたことがあったが、大失敗だった。年始客は来ないが、旅館の中も、往来も、アカの他人の波であって、室にいることも、散歩に出ることも、不可能な状態に堕し入れられた。二度と避寒地の正月なんて、迎える気がなくなった。

今年も、ジッと、眼をつぶって、わが家で三が日の過ぎ行くのを、待つであろうが、昔を考えると、正月を呪っては、申し訳がないのである。若い時の正月は、どんなに面白かったことか。あんなに正月を愉しんだのだから、年をとって、文句をいえた義理ではない。

まだ幼童の頃の正月の愉しさは、誰も同じことであろう。いくら、ツムジの曲った人でも、子供の時に、正月が苦痛だなぞと、思うわけはない。私は、人一倍、正月を待ち兼ねた方だが、二十代になって、文学青年的懐疑や憂鬱なぞを味わいながら、なおかつ、正月を愉しんだというのは、よほど人間が甘かった証拠であろう。

もっとも、その正月の愉しみは、ひとえに酒にあった。酒のタダ飲みができるという理由からだった。

私の生地は横浜であるが、親類はすべて東京にいた。父方の親類が二軒、母方のが四軒、牛込、谷中、日本橋なぞに、散在していた。合計六軒の親類を年始に歩いて、子供の時は年玉を貰うのが愉しみだったが、二十代になってからは、正月の酒にアリつくのが、目的となった。

正月のことだから、酒は家でも飲めないことはない。しかし、母親の顔をみながら飲んでも、面白いことはない。さりとて、料理屋へ出かけるほど、懐中は暖くないし、親類を回れば、飲ませてくれるのである。普段なら、叱言《こごと》をいおうと待構える伯父なぞも、正月は遠慮してくれる。それればかりか、

「お前も他に取柄はないが、酒だけは、静かに飲むことを、知ってるな」

と、賞められたこともある。

六軒の親類を、いかにして飲み回るかというのが、私の新年の課題であった。一日では回り切れないし、また、タノシミもなくなる。私は、大体、二日に分けた。一日三軒の割当てだが、親類も、それぞれ家風があって、軍人だの、銀行家だのの家庭は、何となく窮屈で、飲み心地がよくないから、最初にかたづけることにしていた。こういう親類は、その日の午前中に回るのである。午前中に行ったって、午過ぎまで、飲んでいる。それから、中位に飲み心地のいい親類へ回って、夕方まで飲む。灯がつく頃になって、繰り込むのは、気前がよくて、サービスがよくて、料理も酒もいいというような親類なのである。

その頃、私の家は斜陽で親類の方が、皆、景気がよかった。一番景気のいい親類では、伯父が道楽をするから、名の売れた待合から、お歳暮が届いている。伯母がイマイマしがって、年始に行くと、私に持って行ってくれという。

だから、私は、その頃、築地なんて、行ったこともないのに、一流待合の名の入ったシガレット・ケースや紙入れなぞを、携帯していた。

その家なぞは、正月の料理を「春日《かすが》」に頼んだりして、飲むのにも、具合がよかった。いつも、灯のつく頃に回ることにしていたが、もう一軒、夜にならないと、行かない親類があった。

それは、母方の祖母の家なのである。祖母といっても、母の継母であるが、温厚珠のごとき人で、また、まことに身嗜《みだしな》みのいい、キレイな婆さんだった。

私は、おばあさんの家へ年始に行くのが、愉しみであった。隠居のことで、別に珍味佳肴を用意してあるわけではないが、ひどく、飲み心地がいいのである。酒のカン一つにしても、おばあさん自身が、指で触って、確かめてくれる。あたしの家は、ご馳走はないよ、といいながら、何か、飲めるような、心の籠った一、二品がある。

それよりも、私の酒が回った頃を見て、

「お正月だから、一つ弾いてみようかね」

と、おばあさんが、三味線を持ち出すのが、非常に嬉しいのである。おばあさんは、関西の人で、イキ筋の家に生れたので、地唄が上手だった。「雪」というのを、よく歌った。もう老齢なので、低い調子で、途切れ途切れに歌うのだが、何か哀切で、腸に沁みるようだった。したがって、酒はいよいよウマくなる。

私は、いつも、おばあさんの家の年始を、最後に取って置いた。泥酔して、深夜に引き揚げる時は、正月が終った気がして、残念だった。

安兵衛

養老の滝の伝説——滝の水が酒となって、ドウドウ流れ落ちるということは、孝行の奨励となっているが、ほんとは、酒飲みが考えついた話ではないかとも思われる。つまり、酒がタダでいくらでも飲めるという幻想である。

酒飲みは、決してケチと限らないのだが、彼らにとって最も貴重な物資である酒が、無限の豊富さで、何らの拘束もなく、鯨飲できることは、詩的な幻想である。別な表現に従えば、タダの酒が存在して欲しいということなのである。酒飲みの慾するのは、その幻想的な自由であり、それゆえ、タダで酒が飲めるなら、いくら金を払ってもいい、という心理の発展も、考え得るのである。

私が若いころに新年が愉しみだったのは、親類の年始回りをして、タダの酒が飲めるということにあったが、三十近くなると、急にナマイキになって、家の祝い酒の方がよくなった。酒飲みの精神からいえば、退歩であろう。

ところが、五十を越してから、私は、再び、タダで酒を飲む愉しみを、存分に味わう機会を持った。

私が四国に住んでいたころのことである。

終戦直後で、酒はどこも払底だったが、その町は、小さいながら、つくり酒屋が三軒もあった。といっても、統制厳格の時代で、醸造した酒は、大部分、町の外へ積み出されてしまうのだから、町の者の口に入るのは、規定の配給酒以外になかった。しかし、何といっても、地元で醸造してる強味で、冠婚葬祭の時には、一升を限って、特配の内規があった。

私も配給酒では、とても我慢ができず、いつも、喉をグビグビいわせていたのであるが、ある日、家主が訪ねてきて、男の子が生れたから、名をつけてくれぬかと頼まれた。家主というのが土地二番目の素封家であり、私は彼の家の離れ家を借りているのだが、至って親切にしてくれるので、もとより頼みを断わる気はなかった。生れた子は六番目の男子であり、私の名の一字をくれというので伸六と命名した。

やがて、七夜の日がきたのだが、今夜は儀式をするから来てくれと、招きがあった。命名を紙に書いて持参しろということなので、それを懐ろにして出かけると、広間に紋つきを着た親戚が集り、私は正座にすえられた。そして、名を書いた紙を出せという。その紙は、三方の上にのせられ、列座の人々に、順々に回されて、はて、いい名を頂いたとか、この子は長命にちがいないとか、各自がアイサツをのべつつ、最後に、父親のところへ収められた。

そのうちに、中年の女が赤ン坊を抱いて、席に現われた。赤ン坊はお宮参りの時のように、晴着を斜めに着せかけられていた。

「どうぞ、子供に盃をやってやんなせ」

父親が私に頼みにきた。まだ、生れて七日目の赤ン坊に酒を飲ませるのかと、私は驚いたが、朱塗りの木盃を口にあてたのは、中年の女だった。彼女が赤ン坊の代役であり、私はカトリックの幼児洗礼の代父のような重い役らしかった。私は名づけ親という親の字の意味が、この時始めてわかった気がした。

それで、儀式が終り、赤ン坊が引込むと、普通の酒宴になった。お銚子がフンダンに運ばれて、どうやら、規定の一升だけではないらしく、町の有力者には、特別の自由がきくらしかった。私は存分に頂戴して、いい気持で家へ帰った。

それから一か月もたってから、顔見知りの町会議員から、同じ依頼を受けた。

「わしの娘が女の子を産んだのじゃが、何ぞええ名をつけてやんなさらんか」

私は、即座に承諾した。

そして、七夜の招待がきたので、もう事情に慣れた私は、名を書いた半紙をフトコロにし、ハカマをはいて、彼の家に出かけた。町会議員といっても、私の家主ほど豪家ではないから、招客も少なかったが、赤ン坊に盃を与える儀式は、同じように厳粛に行われた。

赤ン坊は町会議員の孫で、婿さんは養子であるから、隅の方に小さくなって、お銚子のお代りなぞを運んできた。

そして、この晩も、酒はフンダンであった。町会議員の特権を利用して、規定の五倍ぐらいセシめたにちがいなかった。私は家主のところの命名式よりも、ずっと酒を過し、泥酔して家へ帰ったのは、席の空気が気安かったばかりでなく、名付け親の経験を重ねて、多少、図々しくなったからだろう。

それから、しばらくして、今度は、町外れの農家の主人から、命名の依頼を受けた。その男なぞ私はまったく未知の人間なのだが、先方は私が散歩の時に、彼の家の前を通行するので、よく顔を知ってるといっていた。それだけの縁で、名づけ親を引き受けるのも、異様に思ったが、彼は町会議員の孫に命名したのを知っていて、何でも承知してくれというう。この土地では、わが子の名を考え出すなぞ、よほどオックウで、やたらに私のところへ持ち込むのではないかと、思われた。

さすがに、この時だけは、私も七夜のタダ酒を飲みに行く気が、起らなかった。見知らぬ家で飲食する勇気がないから、命名の紙を、その男に与えただけだった。

ところが、その翌日になって、彼は私の家へ、自分の畑でとれた野菜と、酒一升を持参して、礼にきた。

「君、特配の酒を、ぼくに呉れたら、祝い酒の分がなくなるじゃないか」

「何の、わしらは、昨夜、充分に飲みましたわい」

と、ニヤニヤ笑っている。よく聞くと、彼らは密造を盛んにやってるので、自醸のドブロクや、ホケと称する芋焼酎の方が、酔いが早く回り、清酒はあまり喜ばぬということだった。

その後も、一回、命名を頼まれ、どうやら、それが私の職業のようになった。当時は、仕事もなく、その上、追放におびえる心境だったので、赤ン坊の名をつけて、タダ酒にありつくのは、身分相応と思われた。昔、堀部安兵衛が浪人時代に、知らぬ人の葬式に出かけ、ふるまい酒を飲んで、トムライ安といわれた時分の気持は、こうもあろうと、同感された。

あの町には、私が名をつけた四人の子供が、もうそろそろ中学へ行く年ごろになっているだろう。皆、タダ酒にありつくために、名をつけた子供だが、それでも、名をつける時には、私の小説の人物の名を考える時と同様の苦心を払った。それだけに、良心に恥じない。

泥酔懺悔

「やっさもっさ」を書いてる時に、横浜のG・I向き施設を調べたが、彼らの求めることは、やはり「飲む・打つ・買う」に尽きるのを、おかしく感じた。アメリカ人も、日本の古風な諺《ことわざ》に従うらしく、人間は共通で、世界政府樹立の希望は、輝いている。「飲む・打つ・買う」を、三拍子という。三拍子備ったのを、始末におえない道楽者という。その道楽者が、母や妻を悩ますのであって、女性の顰蹙《ひんしゅく》、これに対するより大なるはない。しかし、男性の世界では、それほどに思っていない。犯罪かも知れぬが、軽犯罪ぐらいに考えている。江戸時代がそうだったし、民主革命の今日もそうである。男の世界は、別な宇宙らしい。人間は共通でも、男女は鉄のカーテンに隔てられるのか。といって、私の周囲を見渡しても、三拍子そろった達人は、三拍子ともに縁のない聖人と同じように、数が少ない。人間、そうそう、精力の濫費はできない。横浜のG・Iでもその傾向があった。

私なぞも、達人と聖人の域から遠く、「打つ」方のタノシミはほとんど知らない。若い頃、ハナなぞ引いたが、勝っても、あまり嬉しくなく、負ければ腹が立った。これでは道楽にならない。

他の二拍子に至っては、人後に落ちぬ身の入れ方をした。「買う」方も、「飲む」方も、精励これ努めた。もっとも、「買う」ことを、金銭授受の方面だけに限定すると、他愛もないがそれもやり、それ以外にも励んだ。それ以外といっても、ハイ、何円？　という言葉を用いぬだけで、やはり、何かを提供するのである。大体、金銭以上に貴重なものと、交換するので、買う行為といえないことはない。その両者を含めた「買う」経験で、小生も、骨身を削る苦しみを嘗めたこともある。ずいぶん、恥もかいた。そういう話をするとなると、ちと、改まらなければならない。そして枚数が大変長くかかることになってしまう。

そこへいくと、「飲む」方の話は、比較的、簡単である。しかし、これも、女と同様、私の人生に、大なる影響を及ぼした。考えてみると、もう四十年以上、飲んでいる。私は十六の時から、飲み始めたから、そういうことになる。こんなに長く飲んでは私の人生への影響を措いても、私の脳味噌や、血管や内臓への影響が、考えられる。考えられるどころではない。先年の正月匆々《そうそう》、血を吐き、腹を切ったのも、酒が主因であったことを、認めざるをえない。元来、胃腸だけは、丈夫な生れだったが、今は哀れな胃弱患者である。

それでも、飲むことは、飲んでる。しかし、手術以後、酔うほど、飲んだことはない。二合ほどしか、飲まない。三合以上飲めば、酔ってくるし、酔えば泥酔に至るまで、飲まずにいられなくなる。そこに一線があり、現在は、その手前でスゴスゴ引返すのである。まず、サケノミの敗残兵であり、現役の嘲罵を、満背《まんぱい》に受けるのも、やむをえない。

もう、一生、泥酔する機会がないのかと思えば、寂しくならずにいられない。

泥酔は不徳であり、バカであるなぞと、考えるのは、私の負け惜しみらしい。米内光政とか、水上滝太郎とかいう人は、生涯に、泥酔することがなかったらしい。真に、酒に強いのである。私は、一面、彼らを尊敬するが、他面、少しバカバカしいと思う。もちろん、泥酔すれば、他人の迷惑、当人の恥辱——殊に後者の慚愧後悔の峻烈さは、泥酔常習者のみ、よく知るところである。誰のトクになる所業でもない。しかし、泥酔の魅力というものが、ないことはない。泥酔から一週間も経てば、ボツボツ魅力が恢復してくる。一か月後には、泥酔が完全に懐しくなる。なぜ、あんな愚行が懐しくなるのか、不思議なことだが、結局、ワレを忘れる愉しみなのだろう。また、その忘れ方が、阿片陶酔のような不潔さがないからであろう。

私は若い頃に、泥酔して、待合の屋根に登り、月明の下に輝く、隣りの待合の屋根を眺めてると、今飛びさえすれば、失敗なしに向うの屋根に飛び移れるという確信を持った。それは、実行しようとして、女中や友人に引き止められたが、あの時やったら、案外、うまく飛べたのではないかと、今でも考えている。泥酔は、そういう確信を持たしてくれる。

若い頃は、酒を飲むと、普通の倍ぐらい、体力が殖えたような気がした。ムヤミに駆け出したくなって、そのとおり実行してみると、非常に速力が早く、イキ切れなぞをしない。腕力も、倍加する。頭脳の働きが敏活を極め、ひどくカンがよくなり、むつかしい議論の核心をつかむ。体力が超人になったのではないかと、疑われるように、精神の方も、ことによったら、オレは天才なのではないかと、自惚を生じさせる。そこが、阿片の陶酔なぞと、比較にならぬ魅力なのかも知れない。考えようによっては、イヤミな酔い方だが、その能力から遠く隔った今日、ああいう泥酔は、青春と勇気の紋章のごとく、懐しい。

私の生涯の最後の泥酔は、十年ほど前の中村真一郎君の結婚式だった。この新進作家のところへ、私の家へよく出入していた、文学座の女優新田《にった》瑛子《えいこ》が嫁入ったのである。

本郷の薬局兼喫茶店の中で、披露式があった。新郎が東大仏文出だから、先生の辰野隆、鈴木信太郎、渡辺一夫、中島健蔵なぞの顔も見えた。中村光夫というオシャカサマのような人も、友人側の席にいた。皆よく飲む連中だから、ビールやウィスキーを、ずいぶん飲んだ。当時は、今ほど物資潤沢でなく、かつ会場は薬局兼喫茶店であるから、酒類は持込みであったらしい。それも、酒客の多いのを見越して、相当の量が準備されてあったと思う。全部のウィスキー壜がカラになった頃、客はかなり酩酊していた。私も同断であったが、例の一線を遥かに突破したので、もう泥酔に至らなければ、承知ができなかった。同気求むるところの中島健蔵が、もっと飲みてえなといって、喫茶店のマネジャーみたいな男に交渉したが、近所にヤミ・ウィスキーのルートも持たぬという。すると、中島健蔵が、じゃァ、エチールとオリザニンでいこうじゃねえかと、交渉した。対手は薬局であるから、それらの「薬品」がないとはいえぬ道理である。シブシブ、日本薬局方の青い壜なぞ、奥から持ってきた。中島健蔵は慣れた手つきで、アルコールとヴィタミンとを調合して私に薦めた。

それからが大変、イヤ、大変なぞという資格はない。ほとんど、記憶がないからである。時間からいうと午後四時頃からアルコールの部へ入ったのだが、帰宅したのは、九時頃であった。まだ、日の暮れぬうちに、東大の隣りの加賀様の庭へ入り、彫刻と大生垣《いけがき》のある純洋式の造園を見て、いつの間にフランスへきたかと疑ったり、夜になって、筑摩書房ではないかと思われる家の二階にいたり、断片的な記憶はあるが、他は全部忘れてしまった。翌朝になって、その頃生きていた亡妻が、「もういい加減になさらないと……」と、厳粛な顔をした。ズボンが裂け、向う脛《ずね》に血がにじみ、紫色に腫れていた。

後で聞くと、中島健蔵は家に帰れず、友人宅へ泊った由。あんなに酔ったことはねえと、小生より年若く、酒にも強いはずの彼がいったが、二人でエチール一壜明けた結果が、そうさせたらしい。

この時の泥酔なぞ、タチがよく、人に話して、まだ体裁がいい方だから、話すのである。第一、九時に帰ってきたのだから、タチがいいにきまっている。もっと醜悪と恥辱に充ちた泥酔を、千回以上試みた挙句に、この一回に到ったのだが、これをもって、私と泥酔との縁が切れた。間もなく、腹部に異常を感じ、本郷のある病院へ行ったら、ガンの疑いがあるといわれた。そして、一度、覚悟をきめたが、友人の医者に連れられ、ガン研へ行ったら、胃潰瘍だということになった。それから、節酒を始めたが、時すでに遅かったのか、一年後に大吐血をした。

手術をしてから、ウィスキー類のストレートは厳禁されたが、日本酒なら、二合ぐらいはよかるべしといわれ、比較的忠実に、それを守っている。守っているというより、飲み過ぎた酒が、ガバガバと、血に変じて逆流する恐怖が、腹の底にあり、飲めなくなっているのである。

そんな目に遭いながら、私は酒をそれほど悪いものとは、思っていない。現在、一合余の晩酌と、煙草と、いずれを廃するかと命じられたら、躊躇なく、酒を選ぶ。一合ぐらいなら、飲まない方がいいなぞとは、断じていわない。囚人が、よく飯を嚙んで、満腹感を齎《もたら》すように、私も、一合の酒をいろいろ味わって飲む。味わって飲むには、下物《さかな》少なく、側に人なきがいい。独酌、独想、独笑しつつ飲めば、一合を一升に代えることもできる。一時、湯を割って量を増したが、これは下策だった。

しかし、もう、一生、泥酔することもあるまいと思えば、いささか、寂寥の感なくもない。そして、死んだ妻の美点を索《さが》すように、泥酔の徳なぞを考えているが、ヨッパライになることで、多少、自分を鍛えた事実はあったと思う。私が米内光政や水上滝太郎のような強酒家だったら、鼻持ちのならない男になったであろう。私は、酒に弱く、自分に弱く、大概のことに弱いから、泥酔した。泥酔の後は、自分の弱さを知り、少し傲慢《ごうまん》の鼻を折った。

ビールと女

夏に向うと、私もビールを飲む。本来は、酒の方が好きなのであるが、暑くなれば、何といっても、ビールに手が出る。燗酒をウマく飲むためにも、まず一杯のビールで、口を冷やすのは、常法である。

ウマいビールを飲むためには、やはり、ビア・ホールへ行かねばならない。生ビールだけは、ハヤらない店のものはダメである。昔は銀座の某店、向島の某店、新宿の某店なぞ、よく飲み歩いた。この頃はメッタに足を運ばないが、それでも、薫風が吹き抜ける時候になると、ちょっと、ビア・ホールの軒を潜りたくなる。そして、その度に、必ずといっていいほど、女性の同好の士を、ホールのどこかの隅で発見するのは、驚きであり、タノシミでもあった。

女がビールを飲んだって、何も驚くことはない。犬がビールを飲んだのではあるまいし、少しも異とするに足りない。それを奇とする私が、時代遅れなのであって、ドイツの女は、水のごとくビールを飲む。家庭で飲み、ビア・ホールで飲む。イギリスの女も、軽ビールをよく飲む。もっとも、いわゆるパブなぞで、立飲みをしてるのは、あまり体裁のいいことにはなっていないらしい。フランスの女も、ビア・ホールのない国だから、大ジョッキを抱え込む風体は見られないが、ちょっとキャフェで休んだ時に、一杯のボックを注文するのは、極めて普通の現象である。ボックというのは、大型のワイン・グラス一杯の量で、ご婦人向きともいえる。

日本だって、キャフェの女給さんや、芸妓さんは、戦前から、よくビールを飲んでいた。さすがに、男性のみを対手とする接客業者であるから、飲みっ振りも、正統的であった。つまり、グーッと、一イキに飲む方法を心得ていた。ビールをウマく飲むには、その方法に従わねばならない。

しかし、彼女らは、彼女らの職場内でビールを愛飲していたので、街頭に進出することは絶無であった。女性が客として、ビア・ホールに現われたのは、戦後の特色といえる。戦前のビア・ホールは、完全なる男性の世界であった。そして、昨今ビア・ホールに現われる女性が、接客業者に非ずして、お嬢さんもしくはお嬢さん的外形に包まれるところに、著しい特色を感じさせる。良家の子女が、ビールを愛好し始めたのみならず、男性の世界に割込みを画したというところに、この現象の興味がある。

彼女たちは、ダンス・ホールに現われるお嬢さんと、多少、趣きを異にしている。もっと賢明な風貌を持ち、もっと堅実な化粧や服装をしている。一言にしていえば、知性に富むがごとき女性である。そういう女性が、ビールを愛好し、男性の領分に侵入し始めたという解釈も、成り立つのである。

彼女らは、男性と同伴の場合も多いが、最近では、彼女らのみ数人が、一卓を囲んでいる場合が、決して珍しくない。もっとも、単独で、ジョッキを抱えてる例を、私はまだ実見していない。

私は男性として、かつビア・ホールの客として、彼女らの進出に、大歓迎である。少しだって、反対の意志を持たない。男ばかりの世界の保持なんて、旧思想であり、平和的でない。男性の庶民的クラブとして、従来のビア・ホールは、確かに殺風景であった。ビールのごとき弱い酒に酩酊して、喧嘩口論するなぞは、男性の恥であるが、女性——ことに知識的女性の入場によって、男性の客も紳士的自覚を昂めるだろう。紅一点の美的効果は、いうまでもない。第一、近頃の男性は、お好み焼屋なぞに、臆面もなく出入するのであるから、その賠償としても、彼女らにビア・ホールの席を譲らねばならない。

そのように、私は女性がビールを愛好することにも、ビア・ホールに出現することにも、いささかの悪意も持たないが、女性の側に立って、事実を考えると、多少、首をヒネる点がないでもない。

まず、ビールが女性の飲料として、適してるか否かの問題である。ビールが最も酒精分の少ない酒、弱い酒であるから、女性向きと考えるのは、一種の女性蔑視を感じさせる。

女性の方が酒に弱いというのは、戦前の相場であって、近頃は男性を凌ぐ連中が、ずいぶん多いらしい。私の知り合いの雑誌社は、春や秋に、全社員の慰安旅行を催すが、箱根や熱海の旅館で宴会が開かれる場合、最も多く飲み、最も泰然としてるのは、酒豪と呼ばれる男社員でなくて、まだ若い女社員たちだそうである。その女社員も、高校出よりも、女子大出の方が、酒精に対する抵抗が強いという話である。もしこれが真ならば、女性の教養と酒量の関係について、興味ある研究の対象となり得るだろう。しかも、彼女らがビールよりも、日本酒、ウィスキーを、多量に飲用していたと聞いて、私の驚きは倍加するのである。

弱い酒だから、女性向きといえないのは、当然であるが、ビールの該当性が、他にあるかどうか。現在の女性は、あらゆる自由を持っているから、どんな酒を飲んだって、悪いということはない。問題を、喫煙の方へ持っていくならば、どんな女性がシガレットをクワえても、誰も訝《あやし》むものはない。現今、女性は専売局の好顧客である。しかし、まだ一人の彼女も、シガーをクワえているのを、見たことはない。この光景は、壮観だろうと、期待しているが、実見の機が到らない。マドロス・パイプも、同様である。

そういう点で、現在の段階では、女性と調和を欠く男子専科品があるのだろう。それでは、ビールはどうかとなるが、すでに彼女らが飲用の流行を始めてるくらいで、必ずしも不調和とはいえない。しかし、打ってつけの女性好飲料といえるかどうか。

これを、諸外国の風習に照らして見ると、前述のごとく、ビールは、いずれの国の女性も飲むことは飲むが、愛飲というわけではない。試みに、ヨーロッパの若い女性に、ビールはお好きですかと、訊くならば、十人が十人、興のない顔で、好きでも嫌いでもないと、答えるだろう。もし例外があれば、ババリアの肥った婆さんぐらいで、これは赤蕪《あかかぶ》を齧《かじ》って、ビールを飲むタノシミを奪われるなら、死んだ方がいいというかも知れない。その他の女性だったら、ビールを水と酒の中間に属する飲料と考え、嗜好品としては重要視しないだろう。ある種の女は、ビールなんてツマらない酒は、男の飲むものよ、というかも知れない。というのも、女向きの酒が、他に沢山あるからだろう。シャンパンとくれば、猫にマタタビのごとく、女が飛びつくから、これを口説酒に利用する男も少なくない。その他、チェリィ・ブランディのごとき、ポルトウのごときが、昔から、朱唇をもって舐めるに向いている。甘口のカクテールなら、さらに近代的であろう。むしろ、ヨーロッパの方が、女向き、男向きの酒の区別が、ハッキリしている。女向きの酒の方が、女にはウマいという事実があるから、何も好んで、ビールのような中間小説的飲料に手を出さんでもいいということになる。

実際、彼女らがビールを飲むのは、渇を癒する目的が主であるらしい。フランスの女がボックを一杯飲むのは、乾いた喉を潤すのに適量だからだろう。だから、ビールに酔った女など、一度だって、見たことはない。ホロ酔いにさえなりはしない。ヨーロッパの男は、日本男より酒に強いが、女だって、生れながら左党の血を持ってる。アルコールを蛇蝎のごとく嫌う女は、時として、アメリカにいるに過ぎない。

最近の日本で、ビア・ホールへ現われる女性は、外国の女のような気持で、ビールを飲んでるかどうか。中間小説というよりも、純文学のつもりで、ビールを飲んでる趣きがないでもない。それは、一つの誤解である。そういえば、彼女たちは、まるでリキュールを飲むがごとく、ビールをチビ飲みしているが、これまた誤法であって、ババリアのお婆さんのごとく、グイ飲みをするのが、オーソドックスだろう。グイ飲み一度の量は、ジョッキの1/4ぐらいが、適当だろう。なに、ムツかしいことではない。戦前の姐さんたちは、易々としておこなっていた。そして、グイ飲みと次のグイ飲みの間に五分かかっても、十分かかっても構わないから、その間に、たんとオシャベリをする。

グイ飲みは、色気がない難点があるが、これは、ビールそのものが、本来、色気のない飲料なのだから、どうも仕方がない。チビチビ飲んだところで、とても、色気の醸成はむつかしい。

それから、もう一つ、ビールと女性の結びつきに、難点がある。

これは、いささか不躾けに亙るから、まず、男性である私の経験を語り、それが女の身だったら、どのような困難を惹起するかと、想像に訴える方法をとることにする。私は、べつに解剖学に明るいわけではないが、常識としてその種の臓器や導管は、女性の方が弱小であることを知っている。

私がミュンヘンへ行った時の話である。

最初、ベルリンで、さすがにドイツのビールはウマいと感じたのだが、ミュンヘンへ赴くと、これが、ベルリンの百倍ぐらいにウマい。こんなビールのウマい都へきて、飲めるだけ飲まなければソンだという気になった。まず、有名な州立ビア・ホールで飲み、街のビア・レストラントで飲み、キャフェのようなところでも飲み、もう一度、州立ビア・ホールへ戻って飲みという工合に、飲み歩いた。いくら、ミュンヘンのビールがウマくても、しまいには、飽き飽きしてしまったが、それでも飲み歩いたというのには、理由があった。

一軒のビア・ホールを出て、往来を歩いてると、ビールにつきものの生理現象を起す。ところが、清潔美をもって鳴るミュンヘンの市街には、街路のW・Cが見当らない。その方の設備に欠くところなきパリに住んでいたから、これは不意討ちの苦しみだった。

「君、弱ったよ。何とかしてくれ」

私は、私を案内してくれたドイツ通の友人に嘆願した。

「公園まで行けばあるが、とても遠いのだ。どうしても、辛抱ができなければ、そこのビア・ホールへ入って、用を足し給え」

その目的をもって、私たちは、手近なビア・ホールへ入るのだが、入った以上、そのまま出てくるわけにはいかない。一杯のジョッキを注文する。これがまた、ウマいのであるから、残して帰る気になれない。そして、再び街路へ出て、しばらく歩くと、君、弱ったよ、何とかしてくれという状態に達する。

私がミュンヘンで演じたハシゴ飲みは、半ばその理由だったが、いかに東京が不潔美をもって鳴る都市にせよ、ビールを愛好するのは知的女性であるから、あすこへ駈け込むのは、不調和を感じさせる。デパートを利用したくても、その頃は、閉店時間かも知れない。われわれが、人気なきを見すまして行うような所業を、婦人に勧めるわけにはいかないとすると、彼女らが街でビールを飲むということに、一考を要することになる。

いや、決して、女性がビールを飲むのに、反対しようというのではない。そんなことをいえば、ビール会社に叱られるし、女権の侵害にもなるし、面白くない。ただ、一国の女性が、俄然、ビールを愛好し始めたという事実は、多少の世界的ニュース性を持ってると考えられる。べつに、風俗的、衛生的に弊害の認められることではない。飲みたければ、たんとお飲みなさい。

トンカツ談義

ポーク・コットレットなんていうと、どうも気分が出ない。

あれは、どうしても、トンカツであり、カツでなければならない。トンカツは純然たる現代日本料理である。少なくとも、世界中でトンカツが一番うまいのは、わが国である。第一、研究している。いかなるポーションを、いかにして揚げるかについて、最近、研究進歩の跡が著しい。東京の一流のトンカツ屋が、あれだけの厚みの肉を、あれだけ柔かく、しかも頃合に火を透して揚げる術を発見するには、なかなか精進を要したろうと思われる。

よほど以前に、久保田万太郎宗匠が、ポンチ軒のトンカツの厚さと大きさを評して「現代の驚異」といったが、その頃から、ボツボツ、厚切りトンカツが東京で幅を利かせ始め、トンカツ屋という料理店が、現われ出したように思う。

しかし、厚切りトンカツなるものが、果してトンカツの真髄なりや否やは、相当疑問である。まず、外国には、あんな厚いトンカツはない。といって、人情紙のごとく薄き、何々食堂のそれでも困る。私は、三十余年前によく食った神田おとわ亭のトンカツなぞが、適当な厚さをもっているように思う。当時、一皿八銭であった。一つはその安さのために、三田から神田まで、よく出張したものである。

パリの日本人クラブは、もちろん、日本料理を食わせる。洋食をわざわざ、日本人クラブへ食いに行くバカもない。だが、食堂で、献立表を見ると、お刺身、お椀、蒲焼、天プラなぞを列記した末に、ライス・カレー、豚カツレツと出ている。

パリのどこの料亭へ行っても、ライス・カレーとトンカツは、食べられないからである。両方とも、日本人の好きな洋食であるが、フランスでは、絶対にお目に掛れない。カレー料理は、熱帯に大きな植民地をもってる英国人が、最もよく味を知っている。フランス料理にカレーもトンカツもないが、ただし、トンカツに似たものはある。エスカロップ・ド・ヴォウなぞが、それだ。しかし、肉は犢《こうし》であるし、揚げ方も少し違うようである。フランス人は、牛や豚のごとき脂肪多き肉を、揚げ物にすることを好まない。これは合理的だと、私は考える。

それなら、西洋にトンカツは絶対ないかとなると、しからば日本のトンカツはどこから輸入されたという疑問を生じて、なかなか面白い問題となるが、あることはやはりある。

私はベルリンで、トンカツを食った。日本人クラブではない。正真正銘のドイツ料理店においてである。ヴィエンナ・コットレットというのを注文したら、正しくトンカツを持ってきた。私は神田のおとわ亭を思い出し、随喜の涙を零しつつフォークをとったが、考えてみると、西洋で洋食を食って、郷愁を起したりするのは、理窟に合わぬ話である。

その後、私はベルリンの宿でも、数回に亙って、トンカツを食わされた。ドイツ人はなかなか、トンカツが好きらしい。一つは、ビールと調和するせいであろう。ビールはドイツの国酒である。

フランスのブドー酒でトンカツを食っても、味が濃美になり過ぎて、駄目だろうと思う。だが、そのドイツ人といえども、トンカツの鑑賞と技術において、遠く日本には及ばないように思う。ただ、トンカツが防共国民の味覚を悦ばすという発見は、成立たぬこともないらしい。

パリの喫茶店

喫茶店（メーゾン・ド・テエ）というものを、パリ中探しても、恐らく十軒とはあるまいと思う。コーヒーが好きで、紅茶の味を解さないといえばそれまでだが、パリ人は一体、喫茶店のオツに澄ました英国趣味を悦ばないからであろう。その証拠には、雑談、猥談の市場ともいうべきキャフェは、どんな小さな街へ行っても必ずあり、また一日一度キャフェの軒を潜らぬパリの男は、まず一人もないであろう。

パリの喫茶店は、たしかに少しスマし過ぎてる。どの店も天井が高く、清潔で、衛生的で、キャフェの男給仕なるに引き代え、ここでは看護婦のように冷たい女給さんが、恐ろしく行儀のいいサービスをする。いつ行っても、内部はシンと静かで、煙草を吸うのも気がヒケるくらいである。そうして、夜は営業しない。

主としてお客は婦人連れである。どうやら、映画「禁男の家《クリユウ・ド・ファンム》」の空気さえある。英語を知ってる女性、英国趣味を解する女性――つまりブルジョアの夫人令嬢が多い。だが、この頃では、喫茶店のこの静粛さと、人眼のなきを幸いと、ランデ・ヴウの場所に用いる不届者が現われたともいう。それがア・ラ・モードだともいう。いうところの純喫茶であるから、酒を売らないのはもちろん、ソーダ水までも置かない。紅茶とコーヒーとアイスクリームぐらいである。菓子屋の兼業が多いから、菓子は生菓、半生菓、乾菓、なんでもある。もちろん、どれもまずくはない。だが、私は喫茶店では、いつもサンドウィッチを食べた。キャフェで売る薪雑棒みたいなフランス式サンドウィッチと違い、喫茶店のは、英国パンを薄く切り、女性好みの甚だデリケートなものである。種類も肉類のみならず、蟹、キャビア、野菜ならばピーマンとか、アスパラガスとか、いろいろある。

とにかく、そんなサンドウィッチでも抓みながら、シンとした店内で、謹んでお茶を頂戴していると、前日の酒疲れなぞを癒するには、至極妙である。私は主としてそんな時しか、喫茶店を利用しなかった。

魚食い

一

日本人、シナ人、イタリー人なぞを含めて「魚食い《フィッシュ・イーター》」と卑める。魚を食うのは下等な民族だというのである。これは主としてアングロサクソン人種が、そんなことをいう。「アングロ」人種は肉食が好きで、農夫でも、貧民でもビーフ・ステーキかロースト・ビーフを食わないと、生きた気持がしないらしい。したがって、生活費が高く掛る。そこで、安上りに、魚を食う術を知ってる人種を見ると、「ストライキ破り」を見るように、腹を立てるのだろう。

しかし、日支事変の時に、シミジミ私らは、魚と米とで生きてることの幸福を知った。もしパンと肉を食っていたら、戦時中、どんな困窮を見ていたかわからぬ。警察か区役所から切符を貰って、牛肉屋の前に列をつくり、一片五百円ぐらいする肉を買わざるをえなくなっては、有難くない。お蔭様で、漢口陥落の晩に、中トロのいいところで、お祝いの一盃を娯しめたというものだ。

考えてみると、アングロ人その他が魚を食わないのは、勿怪《もっけ》の幸で、彼らにお刺身塩焼の味を覚えられたら一大事である。食物もまた「名誉ある孤立」にしかないことを、痛感させられた。

一体、洋人が「魚食い」を劣等視するのは、私らの先代が、彼らのことを「四つ足食い」といって軽蔑したのと同じことで、理窟もなにもありはしないが、実際彼らは先天的に魚はマズイときめてるところがある。

フランスは旧教国で、金曜は精進日だが、卵と魚は禁断のうちに入らない。そこで、各家庭はこの日に魚料理の一皿をつける。すると、子供と青年が溜息をつく。お主婦《かみ》さんは魚は安価で台所が助かるので、とても美味しいからおあがりよと、激励するが、若い者ほど魚嫌いで麺類嫌いだ。魚と同じく素麺《ヴエルミセル》も饂飩《ヌーイユ》も、味気ないものと頭から決めている。

だが牡蠣と海老だけは、支持者が多い。新秋の牡蠣と冬の伊勢海老の味は、たしかに日本のそれに劣らない。それに次ぐものは、断然、舌平目《ソール》である。舌平目が魚の王者だから、滑稽といえば滑稽である。

牡蠣と海老と舌平目を好むというのは、けだし彼らが魚臭を嫌うことの証拠である。この三つは、比較的腥《なまぐさ》くない。魚の匂いは、余程悪臭と心得て、どんな安料理屋といえども、魚の皿の後はフォークを更える。日本からアメリカへ鮪の缶詰が出るのも、同じ理窟で、鶏肉に近い味と匂いをもってるからである。不味なビンツケ鮪のボイルに舌鼓を打つのだから、まったく話せない。

どだい、魚屋さんが魚というものの扱いを知らないから困る。イナセな哥兄《あにい》が荷でも担ぐどころか、水洟を垂らした婆さんが車を押してきたりする。どういうわけか、魚屋は女が多い。一番閉口なのは庖刀を使わないで、魚を鋏でハサミ切ることである。植木鋏そっくりの鋏で、鰭や肉をパチパチやる。威勢の悪いこと夥しく、イキのいい魚が食える道理がない。

二

舌平目《ソール》は高価だが、他の魚はグッと値が落ちる。大鯛一枚二、三十銭で、手に入る。鯛は下魚で、鱈より番付が下だ。

だが、あの腥い鯖が、相当の人気のあるのは、いささか合点がいかぬ。もっとも、バカみたいに大味なヨーロッパの魚のうちで、鯖だけはわが国近海物に劣らないのは事実である。

鯖《マクロー》といえば、フランスで「女で食う男」の意味があり、わが国でも一時鯖文学が流行りかけたが、事変でフッツリ跡を絶ったのは結構なことである。モミアゲ長く、赤きマフラなぞして、一見「鯖」と見える男が、パリの往来をいくらも泳いでいる。

本物の鯖は、普通牛酪焼《バター》にして食う場合が多いが、白焼を望む人もある。ここらはアングロ人と異り、仏伊人は「魚食い」として話せる点があるので、つまり、塩焼である。それにレモン汁をかけて食う。もっとも、パリあたりでは塩焼といっても、テンピで焼くのだが、マルセイユへ行けば、炭火でジカに焼く。塩焼ソノモノである。

マルセイユとくると、「魚食い」の欧州総本山だけあって、僕らも顔負けするほど雑多な魚介を食い、雑多な魚料理法を知ってる。アングロ人はおろか、パリ人もここでは軽蔑される。なにしろ世界中でマルセイユほど良いところはないと、マルセイユ人は信じている。駄法螺を吹いて、他国人の悪口をいって、魚料理の自慢をするのが、彼らの癖である。

ここの魚料理店「バッソ」はたしかにパリの「プルニエ」よりウマい。東京でも近頃この土地名物の魚介スープ「ブーイヤベーズ」を食わせるが、蟹も蛤も魚も、立派なものがあるのに、なぜあんなに水ッぽいのだろうか。「バッソ」のブーイヤベーズは、実に天下一品のものと思うが、それをマルセイユ人に話すと、あれは旅行者の行く家だ、あんな家の物が食えるものかという。どこそこのなんとかいう家へ行ってみろ、ほんとのブーイヤベーズを食わせるという。

人がもし、どこそこのなんとかいう家へ行こうとすれば、他のマルセイユ人は、あんな家の物が食えるものか、もし生粋のブーイヤベーズが食べたいのならどこそこの――と、また他の一軒を教えてくれる。それほどマルセイユには魚料理店が多いし、またどれもこれも、ウマい魚料理を食わせるのである。

マルセイユ人は、どんな魚でも食う。アングロ人種が怖気を慄う烏賊《いか》や章魚《たこ》も、平気で食う。海栗《うに》も食えば、烏貝も食う。Rのつかない月に、勇敢に牡蠣を食う。その代り、この地方にはチフスがある。だが、牡蠣フライという料理だけはないようだ。あれはいかなる国の伝来か、それとも日本洋食の創作か、研究の価値ありと思う。

三

旧盟邦ドイツも魚食の方では、私らの仲間とはいえない。もっともヒトラー総統は魚食の利益を知って、大いに奨励したそうだが、国民は魚肉より、まだしも人造肉の方を好みはしないかと思う。仏や伊と異って、海岸が一方しかない国柄だから、魚に親しむ機会が少ないので、決してアングロ的魚食軽蔑思想をもっているわけではない。その証拠に、鯉や鰻の河魚はよく食べるし、調理法も知っている。

鰻の燻製《くんせい》はドイツにおける最上の美味と、私は心得た。あるいは他の料理がまず過ぎた結果かも知れないが、筒のごとく太い鰻の燻製を輪切りにして、ミュンヘン・ビールの肴にする時は、実に調和の妙ありと思った。東京の某ソーセージ店で、右の燻製を売出したから、早速試みたが、少しもウマくない。

鰻そのものは、もちろんわが国の方が上等であるが、燻製にするには不向きである。化物のごとく太い奴だから、燻製にして脂肪を抜くと、頃合の味となるのだ。日本鰻は蒲焼に限る。

さらにもう一つの旧盟邦イタリーは、魚食の方でも正に盟邦の名を辱しめないだろう。三面環海の長靴国だから、魚介の恵みに浴することの多いのは当然のことだ。

一体アングロ人は魚のうちでも、殊に烏賊と章魚《たこ》を嫌うのは、悪魔魚《デヴィル・フィッシュ》の名からも推し測られる。どうも、あの形が気に入らないとみえて、章魚を食うなら、蜘蛛《くも》も食うだろうなぞという。南仏人は多少烏賊章魚を食うが、イタリー人ほどには賞美しないようだ。

私はナポリ郊外の海岸の休茶屋で、喉が乾いてビールを飲んだが、卓上の貧弱なメニュのうちに烏賊の揚物があった。飯時でないので食慾はなかったが、食いしん坊を発揮して注文したら、こいつがベラ棒にウマかった。烏賊を細かく寸断して、テンプラ風に揚げてある。

日本ならカキ揚げにするところだが、一つ一つ揚げてある。それをソースなしに、食塩と名物のレモンで食うのだが、イタリーの魚料理のうちで、あんなウマいものはなかった。

一体イタリーの揚物はウマい。オリーヴ油が安いからであろう。揚方もフライ風でなく純然たるテンプラ風である。ヴェニスのとある横丁で、魴鮄《ほうぼう》に似た魚を丸揚げにしていたのは、立食いテンプラ屋の面影があって、立去るに忍び兼ねた。

それにイタリー人は、夕飯に必ず米を食う。お雑炊のカタマリのようなものだが、米には相違ない。だから、「米と魚」の国民の資格がありそうなものだが、根が洋人であるから、パンと肉なしでは暮らせない。パンと肉の合の手に、魚と米を食うに過ぎない。

アングロ人が、日支伊を「魚食い」人種ときめているのは、例によって認識不足の致せるところである。シナ人は鮫の鰭《ひれ》を食うことを知っていても、鮮鱗に対しては全く能無しである。牡蠣や海栗を生食する伊仏人の方が、まだしも話せる。真に魚介の味を解し、該博の知識を蔵し、無限の調理法を知っているのは、わが日本あるのみである。サシミとスシのみをもって、徒らに誇る勿れ。目黒のサンマは別としても、甲府の鮑のごときは、古来日本人がいかに優秀なる「魚食い」でありしかの証拠であるだろう。

パリを食う

Gourmand の弁

食通とは、あらゆる通のうちで、一番オカシなもので、そんな通を列べることは、真平御免である。けれども、生来、私は胃が丈夫なうえに、慾望崇拝家であるから、食《くら》い意地は一方ならず張っているので、無け無しの財布をふるって、パリの名ある料理店を、食って歩いた。実際、イタリー料理もウマいし、ロシヤ料理もウマいし、ドイツ料理だって場合によると、ウマいのだけれど、フランス料理は西洋料理の本筋というのか、王道というのか、地方的なウマさでなく、正々堂々とウマイのである。フランス料理というとすぐ蝸《かた》牛《つむり》だの蛙へ持ってゆきたがるけれど、あんなものは安手な、つまらぬもので、食ってもよく、食わなくてもいい。まして、それを証拠に、フランス料理がデカダンチスムの料理だと考えるのはよほど滑稽である。ことに蝸牛《エスキャルゴ》なぞは、どんな場末の料理にもある平凡な食物で、まずくはないけれど、珍味なぞという部に入らない。と同時に、変に凝った、スマシタ料理も、フランス料理と縁が遠い。フランス料理は子《し》のいわゆる中庸の道を往くもので――なんかんと、図には乗らぬけれど、うまい西洋料理であることは、ほんとのことである。パリへ行って、胃弱の人は気の毒である。パリを食うことは、ヨーロッパ旅行の重要なプログラムだと、たぶん、ベデカに書いてある。ということは、フランス料理がウマいというのみならず、パンとブドー酒と菓子とコーヒーがウマいから、首尾一貫ウマい西洋料理の食事ができるので、さらに、あるのみならず、パリという町の雰囲気がGourmand《グウルマン》をやるのに、甚だ好適であるからである。どうもノンキになってしまって、我を忘れて、食慾の奴隷となる傾向がある。このセチ辛い東京で、Gourmandの気持になれといったって、いう方が無理である。ところで、このグウルマンという仏語は、食通という意味もあるかもしれないが、貪食家《いじきたなし》、食いしん坊の意味の方が多分で、その方の心掛けでこの記事を書くのである。味覚の批評家なぞという、最も不幸な批評家になるのは、先刻もいうとおり、真平御免である。

パリ料亭案内
“La rue”

格が高くて、うまい料亭といえば、この「ラ・リュウ」のごときが随一であろう。総理大臣官邸の料理を引受けているそうだが、そこはフランス人のことで、総理大臣もグゥルマンだとみえて、非常にウマい家である。同時に高い家で、オゥ・ドゥヴルにフォア・グラ一つ食っても、普通の料理店一度の食事に相当する。ところで、この家で何が一番ウマかったか、とんと忘れちまったから、話にならないが、ただひとつ、ひどく感心して覚えてるのは、この種の料理屋で、食事相当の古酒を注文すれば、蜘蛛の巣だらけのを、勿体らしく運んでくるのが例だが、ここだけは、水瓶《キャラフ》へ注ぎ代えてもってくる。酒をスリ代える心配が大いにあるわけだが、代えられてもわからないようなお客ならばお出でに及ばないという態度が一流中の一流の店だとしても、大胆不敵で珍しいのである（この家、すでにツブれた）。

“Voisin”

「ラ・リュウ」から数歩を隔て「ヴォアザン」がある。両者ともに、特に呼物料理《スペシアリテ》というものがなく、どんな料理も古いフランス料理の伝統を守って、音なしい、温雅な料理を食わしてくれる。「ヴォアザン」はパリ中で最もよい酒を多種多様に持ってることで定評がある。この家の地下室の酒倉は往来を越して、マドレエヌ大寺院の地下に渡ってるというから、ソオトオのものである。

"Lapéreuse"

以上二軒のような家は、実は私のような人間の出入するのは、少し敷居が高いのである。そこへゆくと「ラペルウズ」となると、背広服で飛込んでもいいし、家の気持がグゥルマン向きにできてる。ひどく古い天井の低い家で、どうも僕は床が傾斜しているような気持がするのである。すべての食卓や家具が、少しも気取らずに古くて、岩乗で、その趣味が料理にコンコンと浸みている。恐らく現在のパリで一番気持のいい料亭ではないかと思う。ここの名物は、舌平目《ソール》のフィレと家鴨《キャナアル》のロチだが、メニュのどこを食っても、外れは絶対にない家である。先年行った時に、最初食った黒キャビアが忘れられない。缶ごと細い氷片に漬けてもちだしたが、ねっとりと深情けのような味がしかるべく冷えてる処へ、渋いブルゴーニュ白酒をひっかけたら、味が耐らなくウマくて、猛然と食慾が昂奮し、鰈《チュルボウ》を食い、家鴨を食い、さらにここの家号のついた大きいプディングを食って、動けなくなってしまった。ここの家の歴史の古さは、十八世紀の探検家ラペルウズとの因縁により、彼の名を家号にしたことでわかる。

"Foyot"

「フォワイヨ」も古い左岸の割烹である。昔はよほどウマい家だったと見えて、モンテスキュが「この世で最も尊敬さるべき場所」と、この家を礼讃したそうだが、今ならそうはいうまい。向側の元老院《セナ》の官僚空気と、アメリカ商人の成金風とが一緒になって、やはり敷居の高い家になってしまった（この家も、今やなし）。

“Tour d'argent”

この銀塔《トウル・ダルジャン》亭の名は、恐らく西園寺公時代から日本人旅行者の間に、響いたものではないかと思う。普通、日本人に「鴨料理」という名で通っている。

ここも古い家で、「ラペルウズ」と同じくセーヌの河沿い、静かだけれど汚ない区界《キャルチエ》である。しかし腹からの食いしん坊は、このあたりになんとなくウマそうな匂いを嗅ぎだす鼻をもってるかもしれない。鴨料理というけれど、ほんとうは鴨ではなく、「家鴨の血煮《キャナアル・オオ・サン》」で、またそればかり食わせるわけでもない。しかし、看板だけあって、この家鴨はたしかにウマい。初め給仕《ギャルソン》がロチした一疋をもってくる。このくらいの大きさ、焼工合でいかがという、形式にすぎない。次に肥った給仕頭が現れて、ナプキンを小脇に挟んだ、例の窮屈な姿勢ながら、いとも器用に小鍋立てを始める。味噌のような血液の煮こごりはすでにできているのだが、それをシャンパンだのフィンだのその他香味料を入れて、客の前でソースにのばすのである。鍋もアルコール・ランプも銀器で、万事手綺麗である。ソースが煮えると、焼家鴨の胸肉を切って、暫時鍋の中に入れる。ここの工合がちょいと鋤焼《すきやき》に似てるので、日本人のノスタルジィを唆《そそ》り、ご贔屓《ひいき》が多かったのだと、私は観察する。しかし食う時は、皿にとりわけ、鍋は退却するのだから、誠に儚《はかな》いノスタルジィである。

だが、この料理はウマい。ソースがウマいのである。その証拠には、次の皿にサラダとともに残肉の肢と翅を出すが、さほどでない。味と調理法の風変りで、この「家鴨の血煮《キャナアル・オオ・サン》」はパリの名物となり、ゾロゾロと外国人の訪問となり、絵葉書を発行し、それへ貴下の食いしは創業以来何万何千疋目の家鴨であるという番号を入れて、お客に配るようになり、次第にこの家はグウルマンと別れつつある。今度行ってみると、室内は驚くべく清潔贅沢となり、食器燦爛《さんらん》としてモダンになり、勘定は敷居の高い家と同格に昇進した。これはパリのこの種類の料亭が、現在必然に辿ってる、過程である。

“Prunier”

「梅の木《プリュニエ》」と申しながら魚料理——樹によって魚を求め得る。この家も日本人旅行者がよく訪れるが、無論、魚料理と聞いて郷愁を起すのである。実際、メニュの貝の部で生牡蠣だけでも五、六種類あるごとく、魚介の料理の豊富なこと驚くばかり、またそれらがパリに珍しく新鮮であるのは、この家がブルタアニュ漁場をもち、直輸送をするためである。フランス人が「プリュニェ」へ行くと、新秋なら初牡蠣——あるいは伊勢蝦《ラングユスト》を食うとか、蟹蝦《オマアル》を食うとかして、後は必ず肉の皿を注文して、双方の味を活かす。例えハム一皿でもきっと食う。これは賢明で、洋食における限り、首尾魚介ずくめは決して結構でない。ともかく、この家の牡蠣を、ソースでもシトロンでもいいが、つるりと食ってから、殻へ残った汁を、仰向き加減にちゅうと飲んで、冷えたプウイイ白ブドー酒をぐいと一口やることは、ソオトトオに生甲斐を感ぜしめる。

この家も、少し名が売れすぎ、かつ地の利を得すぎていて、落ちついて食い意地を張るには、不穏当な家となった。いかに外国人の客が多いかは、テーブルにウスタア・ソースとトマト・ケチャップの罎が、置いてあることでわかる。――そんなことをする料亭は、パリに一軒もない。

さてこれから小料理屋、地方料理屋等の方へ移ろうとして、紙数がつきたから、もう止める。以上述べたような家は、みんな名だたる料亭で、そんな家の料理は、とても毎日食っていられない。味が濃美すぎるのである。いわば宴会料理で、これもフランス料理だが、もう一つのフランス料理――町の平凡な料理店料理、あるいは家庭料理の存在を大に主張したい。実際、私の胃袋がうっとり夢を見るのは、むしろ淡々たるポ・トオ・フウのごとき、その種の料理である。

春菜

その土地の風を知るのは、食物を通じるのが、一番よいという。知らぬ町へ行ったら、魚や青物の市場をたずねてみろと、だれかがいっていた。

パリの日本人画家も、フランス語は怪しいのがいるが、土地のことはよく知ってる。ホテルぐらしの留学生なぞより、肌でパリを感じとっている。あれは、彼らがアトリエで自炊生活をやるせいではないかと、思われる。

自炊をすれば、イヤでも、買い出しに行かねばならない。肉屋へ行き、パン屋へ行き、酒屋へ行き、エピシエ（八百屋）へ行かねばならない。そのうちに、だんだん、パリがわかってくるし、フランスもわかってくる。一方、モデル女を通じて、わかる道もあるというが、それには、ふれない。

私も、昔のパリ生活の時に、時として、自炊をやった。そのころは、安飯屋へ行くのが、一番安上り（今はそうでないらしい）であったが、自炊すると、安飯屋より上等のものが食えた。アルコール・コンロ一つで、飯も炊き、料理もつくるのだが、現在、パリで自炊してる宮田重雄のむすこなぞは、便利な小型プロパン・ガスのコンロを使ってるらしい。言葉の不自由なうちは、買い出しも苦痛だったが、慣れてくると、たのしみの一つである。

エピシエが一番のナジミ。エピシエというのは文字どおり八百屋であって、穀類も、野菜も、くだものも、バターやチーズも、ハムやソーセージも、酒や菓子まで売っている店もあり、そこ一軒で、たいがい用が間に合う。

安飯屋へ行きたくなく、自炊も面倒という時に、エピシエの存在は便利である。パン屋でプチ・パンを買い、エピシエへ寄って、小エビの塩づけと、グルイエール・チーズ一片を買って帰れば、一食がなり立つ。もっとも、それはパリの女工さんの食事であり、彼女らは、食事を倹約して、服飾の方へ回し、肺病にかかる。

エピシエの店員には、女が多い。女といっても、牝牛のようにガン丈な、ナリフリかまわぬ中年女だが、例外なしに、オシャベリ好きである。

日本人が彼女らに顔を覚えられ、オシャベリの相手にされるのは、閉口する。日本人の顔が珍しいというよりも、米を沢山買う客として、記憶されるらしい。フランス人も米を食わぬではないが、牛乳で煮るとか、肉入りのオジャにするとかしても、週に一度も、用いないだろう。買う量も知れてるのである。しかし、日本人は何キロと、一度に買い込むので、

「何にして、食うのだ。料理法を教えてくれ」

というようなことを、必ずきく。彼女らも食いしん坊らしく、熱心なものである。しかし、日本式炊飯法を伝えても、満足したタメシがない。そんなことをして、ウマいはずがないという顔つきをする。

そういう女店員にしても、女主人にしても、ナジミになると、あれを買え、これを買えと、うるさい。今の季節はこの野菜がウマいとか、きょうのハムはどこの産で、しかもおろしたてだからとか、能書きをつけるのだが、それを聞いてると、知らずして、フランスの食物のことに、目が開けてくる。

エピシエの店頭が、一番、活気を呈するのは、春から初夏へかけてである。パリの一番美しいのも、その季節だが、食物の方も、その時分が最も豊富である。ことに、野菜とくだものがウマくなる。

新ジャガ芋。グリン・ピース。赤大根。サヤインゲン。アスパラガス。いちご。さくらんぼ。フランボアーズ。皆ウマい。

午前中は、店の外に荷をならべて、一キロいくらと、大きな正札をつけるばかりか、女店員や、威勢のいいあんチャンが、声をはりあげて、通行人に呼びかける。モンマルトルあたりの呼び声は、ことに威勢がいい。

新ジャガは丸揚げがウマいが、自炊家は手がかかるから、やらない。グリン・ピースも、高価であるから、あまり買わない。ハトのローストに青豆とくれば、美食であるが、ハトにまけないほど、青豆が高価なのである。

青豆も、アメリカからくるカン詰ものを使えば、それほどではない、フランス国産青豆の方が、高いのである。この辺は、フランス人が物の味を知ってる証拠になる。もっとも、日本だって、外米より国産米の方がウマいから高い。それほど、フランスの青豆はウマい。青豆と同様に、アスパラガスも、アメリカのカン詰よりウマい。これは、私も自炊の経験を持っている。

ナマのアスパラガスを買いに、エピシエに行った時に、女店員に、ウデ方を聞いたら、例のオシャベリが始まった。ナイフを直角に持って、外皮をむいて、洗って、何分間だかウデてというようなことを、まるで、自分が食う時のように、口にツバをためて、語り出す。そして、マイヨネーズで食うのもいいが、酢とオリーブ油に限る。ウデたてを食べてごらん、それが一番だといいながら、二本の指でツマんで、口へ入れる形をするから、

「食べる方なら、教わらなくてもいいよ」

と、答えると、男のような声をあげて、笑い出した。

あのころのパリが懐しい。

野菜洋食

私がパリにいた時に、亡父の祥月《しょうつき》命日を迎えて、今日は「お精進」をしてみようかという気になった。日本にいる時には、そんな殊勝な料簡になったことは、一度もなく、平気で魚や肉を食っていたのであるが、異郷に在る心理は、また別のものであるらしい。

といって西洋にいて、ナマグサイモノを食わずに、一日を送ることは、不可能と考えられた。ただ、フランスはカトリック教の国であり、毎週金曜日には肉食を避ける習慣がある。つまり、精進日である。もっとも、フランスの精進料理は、卵と魚は平気で用いるので、日本流のそれとは、大いに異っているが、せめてバターと牛乳と野菜のみで、父の命日を送る工夫はないかと、私は考えた。肉はもちろん、魚と卵を用いない料理を食わせる店が、どこかにないかと、私は考えた。パリは、魚専門の有名な料亭があるので、野菜専門の店もありはしないかと、類推したのである。

私はそのことを、長くパリにいる画家の川島理一郎に訊ねた。すると、彼はニヤニヤ笑って、

「あることは、ある。ただし、料理屋ではなく、薬局の中で食わせるものだがね」

と答えた。

薬局で料理を食わせることは、甚だ風変りであり、私は好奇心も手伝って、是非とも、案内してくれるように彼に頼んだ。

亡父命日の午飯に、私たちは、そこを訪ねた。店構えは、パリのどこの町にもある薬屋さんと同じで、ただ、薬臭い店の中を抜けると、奥に十個ほどの食卓を列べた広間があった。白布の上に献立表を置いた食卓は、普通の料理店と変りがなかった。やがて、ボーイが注文を聞きにきた。

「医師の処方箋をお持ちですか」

ボーイが、そんなことを質問したので、私は驚いた。よく訊いてみると、医師から肉食を禁じられた人がこの店を指定されて、食べにくることがあるが、その場合、料理の処方箋を持参するのが、例なのだそうである。しかし、健康な人なら、献立表から何でもお好み次第、ということだった。

私たちは、トウモロコシのポタージュと、ジャガ芋のフライと、レタスのサラダを注文した。献立ての品数は多かったが、以上のものならば、無事に喉を通過するだろうと考えたからだ。序にビールも一本、注文した。ただしこのビールは酒精ナシと、断り書きがしてあった。

さて、皿が運ばれてくると、サラダのほかには、うまいものは一つもなかった。無酒精のビールはまるで麦湯を飲む感じであったが、ポタージュも、芋のフライも、まるで夢の中でものを食うように、頼りない味がするのである。日本の精進料理は、独特の美味を持っているが、この野菜料理は味というべきものが、まるで感じられないのである。パンまで、普通の白パンでなく、鼠色をしている。最後に飲んだコーヒーが、これまた、無害の代用品で、腹の立つほど、まずいのである。

私は、一度で、フランスの精進料理に懲りてしまった。周囲のお客を見渡すと、象のように肥満したマダムや、糸のように痩せた紳士ばかりで、結局、これは精進料理というよりも、病人料理であることを知り、そこへ迷いこんできた自分が、ひどく滑稽であった。

右は笑話として持ち出したに過ぎないが、一体、フランス人は野菜が好きだということをいいたいのである。フランス人のみならず、欧米人は肉ばかり食ってるわけでなく、洋食は必ずしも肉料理を意味しないことを、述べたいのである。

フランス人は午飯に一番ご馳走を食べるが、それでも肉は一皿だけで、その後に、必ず野菜料理の一皿を食べる。夜食は、スープ、卵サラダぐらいである。一日中で、肉は一皿だけで、その分量も決して多くない。

彼らは、野菜が好きである。少なくとも、魚よりも、野菜の方を好んでいる。そして、野菜料理の種類が、実に多い。豆類ならば、青豆、隠元豆、うずら豆、サヤ隠元、サヤ豌《えん》豆《とう》などの煮つけ、バターいためがある、菜類は、五種も六種ものサラダ、ほうれん草のウラゴシなぞ。芋類はジャガ芋を堅切りにして、植物油で揚げたものを好む。大根や人参のドゥミ・グラアスも常食である。茄子と胡瓜は、形がひどく大きく、前者は煮つけ、後者はサラダで食べる。茸類も数種類ある。日本でアテチョウクとかいっている、異様な形のアルチショウや、初夏のアスパラガスの味は、惣菜料理といえない雅味を持ってる。

フランスは農の国であるためか、野菜の種類が豊富で、かつ美味である。茄子と胡瓜は日本の方がうまいと思うが、他の野菜は同等あるいは以上である。そして、火にかけると、じきに柔らかく煮えるのが、特長である。私は自炊の経験があるので、よく知っているが、大根でもアルコール・コンロで十分間も煮ると柔らかくなってしまう。人参も同様である。柔らかに煮えるということは、野菜の質がよい証拠である。

そして、フランス人は生煮《なまに》えの野菜を好まない。青い色のものが変色するまでになっても、十分に火のとおったものを喜ぶ。その点、料理に視覚を尚《とうと》ぶ日本人と、よほど違うが、洋食の野菜料理としては、確かにフランス流の方がうまいようである。

日本の洋食は、野菜を肉料理の添え物、または飾り物と考える傾向が、あまりに強い。料理を装飾するのは、宴会料理であって、日常の惣菜料理には、まったく不必要である。また、飾り物や添え物と考えるので、形式に走り、野菜の美味を問題にしない。

それは、結局、洋食に野菜料理があることを知らぬからであろう。肉を用いず、バターやスープや、またはベーコンなぞで味つけした野菜料理がどれほど美味で、かつ健康的であるかを知らぬからであろう。

日本の洋食は、宴会料理が輸入され、その形がいろいろに崩れて、普及されているのである。根元が宴会料理であるから、家庭へ入ると、さまざまの不合理を伴う。この辺で、洋食に対する考えを清算し、家庭には欧米の惣菜料理を輸入すべきだと思うが、それには、従来の欠陥を充たす意味で、まず野菜料理に着目すべきだと、考えられる。

惣菜洋食瑣談

私の愚弟は札幌で、あるホテルの重役みたいなことをやってる。これはちょっと鄙《ひな》マレなホテルで、東京大阪に出しても恥ずかしからぬものだが、やはり田舎のことで、ホテル業の他に食物デパートのごときものも兼業している。洋食のグリル・ルームや、ほかに鮨、天プラ、日本小料理、それからシナ料理部もあって、それぞれ東京から相当の職人を聘《よ》んである。

私は試みに、愚弟に向って、汝が毎日勤務中の昼飯に、右の食物のうち何を択ぶかと訊いてみたことがある。すると、彼は、

「まア、鮨か洋食だね、シナ料理が一番飽きるよ」

と、答えた。

鮨というものは、日本人なら、五日や六日続けても、なかなか飽きない。だが、洋食の方はと、異論が出るかも知れないが、私は愚弟の答えを、割合に公平なものと認めている。

洋食といっても、ロシヤ、スペイン、イタリー等の料理は、相当、濃厚な味と献立をも

ってるようだが、洋食の宗《そう》とするものは、やはりフランス料理だから、これを標準にしていうと、むしろ淡淡たる滋味を、本格とするのではないかと、考えるのである。

フランス料理といっても、東京、大阪の何々軒、何々亭のそれはいけない。まずいというのではない。あれはフランスの宴会料理である。私のいう洋食の神髄みたいなものは彼らが日常食べにゆく巷の料理店あるいは家庭料理——つまり惣菜料理にあると考える。

一体、フランス人だのドイツ人だのは、一日にほんのわずかしか肉を食べないようである。昼飯に食う一皿の肉料理、それもアメリカ料理の三分の一ほどもない分量の肉を、食うだけである。甚だシミッタレているが、衛生上頗るよい。他は、野菜であり、魚であり、卵であるに過ぎない。夜は、金持以外に、肉類を食べないのが、普通である。スープと、卵、チーズぐらいで済ましてしまう。

昼飯の惣菜料理は、最初に乾ソーセージか、サーディンみたいなものを食い、次が肉、後は野菜——それだけである。だから、問題になるのは、一日中、昼飯の肉の皿一つである。

その肉も、ビフテキやロースト・チキンは、肉そのものに金がかかるから、滅多に食わない。野菜と一緒に煮たり焼いたりする下等肉を最も多く使う。

例のポ・トオ・フウというのは、惣菜料理の王者であり、同時に経済的でもあるが、中村研一画伯がよく紹介してるから、ここでは略して、豆料理の話でもしてみる。

豆を用いた洋食は、日本で滅多にないが、フランス惣菜料理には甚だ多い。羊の股肉のローストを、ジゴ・ロチというが、これには必ず白隠元がつく。日本の白隠元と少しも変らないが、無論、砂糖なしの塩味だけで、羊肉のスープで、フックリ煮てある。甚だウマい。芳ばしいフランス・パンの味と、頗る調和する。それから、犢の肉と赤隠元――通称うずら豆と煮込んだものが、甚だ結構である。ランチーユという小粒の豆の場合もある。私の家では、羊も犢もなかなか肉屋が持って来ないので、豚のバラ肉を大切りにして、白隠元や乾青豆とともに、数時間煮る。これをお客様に出すと、

「これで、洋食かい」

と、呆れた顔をする。甚だ体裁の悪い料理で、かつ、豆がフンダンに入ってるから、どう見ても洋食の気がしないらしい。しかし、食べてみると、案外、肉も豆も軟かいので、一体何で煮るのだと訊く。

「土鍋だよ」

というと、いよいよヘンな顔をする。

一体、日本の洋食は、宴会料理の系統をひいているから、装飾が多過ぎる。家族が食べるのに、やれアスパラガスだの温室トマトだのと、装飾野菜に大騒ぎする。婦人雑誌の料理の口絵三色版を見ても、こんな簡単な料理をつくるのに、なぜ体裁ばかり苦心するのだ

ろうと思う。見たところだけは、総理大臣官邸夜会に出して恥ずかしくないように、見事にできてる。

閑話休題、土鍋の件であるが、フランスの台所には、必ず使い古した土鍋がある。形だけはだいぶ違うが、土鍋には相違ない。時間のかかる煮物には、よく土鍋を使う。私の家では、大きな日本土鍋を用いてるが、結構それで間に合うようだ。

豆料理で一番贅沢なのは、青豆だけを煮た料理である。晩春のころ、プチ・ポアと称するあの青豆の走りが料理店のメニュに出てくるが、これは肉一皿と同じほどの価格をとれる。その代り、ウマい。フランスは農本の国で、野菜はみなウマいが、青豆の味は別である。そうしてアメリカ輸入の缶詰品の方が、値が安い。ただバターとニンニクぐらいを入れて、暫時煮るに過ぎないが、結構なものである。

豆料理はまずそんなところとして、彼らが日常多量の野菜を食膳に上すことは、味覚、経済の両点から、惣菜料理として当を得てると思う。私らがフランスに永くいて、料理の郷愁を起すこと少なかったのは、野菜が多いことと、調味の淡泊なことに基くものと考えている。婚礼披露の洋食や、シナのテーブル料理のようなものを、毎日食わされていたら、十日と経たぬうちに悲鳴をあげることとなる。

ところで、フランス惣菜料理のホンモノは、宴会料理のホンモノより、もっと私らの口に入りにくい。私の家の料理なぞ、真似事の真似事に過ぎない。ほんのつまらない香料や、調味の酒類まで不自由するから、ほんとの味が出ない。

といって、わざわざフランスまで惣菜料理を食いに行く必要もないが、篤志の方には、一の簡単な方法を伝授したい。

それは神戸から上海まで、フランス船の三等に乗ることである。二等は宴会料理を出すから駄目である。三等へ乗ると本国で食うほどウマくないにしろ、とにかく惣菜料理にありつける。早速、豆料理なぞが出てくる。三等といっても、船室食堂の設備は、日本船の二等に等しいから、決して怯えるには当らない。

パリの日本料理

私が、最初、パリに行った頃は、日本料理屋が一軒しかなかったが、それから間もなく、二軒殖えて、三軒になった。

殖えた二軒のうち一軒は、武林無想庵《たけばやしむそうあん》の細君が、経営していた。そういう店は、値段が高いので、私は滅多に行かなかったが、日本からきた客を案内して、一、二度、寄ったことがある。無名の文学青年の私は、酔払って、主人の無想庵に会わせろといったら、細君の文子が地下室に案内した。

寒々とした地下室の中央に、テーブルを置いて、無想庵が原稿を書いていた。

「おかしな男だね、君は」

初対面の無想庵は、私の酔態を笑ったが、どういう好感を持ったのか、帰朝後、私の不出来な劇作を、新聞で賞めてくれた。

さらに日本料理屋は、普通のフランス人の家の一階なり、二階の全部を、借り切って、各室でイス、テーブルで、食事するのである。昔の上海あたりのように、日本座敷を準備してるわけではない。食器も、ハシとお椀だけは、日本から取寄せるが、他はフランスの食器で、間に合わせていた。しかし、食べるものは、サシミ、椀盛りはもとより、鰻のカバヤキも、テンプラもできた。一番、注文の多いのは、スキヤキである。何を食っても、ウマくはないが、一通り、それらしい形のものを出す。それからおかしいことに、メニュの終りに、ライス・カレー、トンカツと記してある。

パリ広しといえども、ライス・カレーとトンカツは、日本料理屋へ行かないと、食えない。フランス人は、そういうものを食わないからである。なにも、パリまできて、ライス・カレーとトンカツを、食うに及ばないと思うけれど、文部省留学生あたりは、本郷界隈の味覚が懐しいと見えて、注文が多い。

酒は、日本酒もあるけれど、ベラボーに高いから、皆、ビールで我慢する。正月には、一本フンパツする。値段が高いと、よく効くらしく、一本で、ずいぶん酔う。その時は、雑煮もできる。餅は缶詰で来るらしい。

日本料理の他の魅力は、飯にあった。といって、内地米ほどウマいわけではないが、とにかく、日本料理屋では、飯をタクのである。タイたご飯なのである。他方、米飯を供するシナ料理店では、飯をフカすのである。以前の軍隊のように、蒸気を通して、飯にするのである。ポロポロして、ハシにもよく乗らない。

ここで、シナ飯屋のことを持ち出したのは、私たち貧乏書生は、到底、高価な日本料亭に度々足をむけられず、学生街の安いシナ飯屋の常連だったからである。そこへ行くと、定食が四フランで済むのに、日本料亭は最低八フランを要した。

そして、そのシナ料理屋が、当時、三軒あった。上、中、下の三軒で、私たちは、Tチャンと称する店に、常にかよった。そこのシナ料理も、日本では想像できない、異様なまずさだった。

つまり、その頃、シナ料亭と、日本料亭は、同数だったのである。そして日本料亭へ行くのは、日本人ばかりだったが、結構、経営がなり立った。第一次大戦後の国威リュウリュウで、日本人は高い「円」の所持者であり、留学生も、画家も、漫遊旅行者も、威張ってパリの街を歩いた。パリの町名にも、東京街というのがあった。

ところが、この間、私は二十何年振りで、パリを訪ねてみると、東京街はルーズベルト街と改名したばかりでなく、シナ料亭が各所に進出し、オペラ座付近や、シャンゼリゼエあたりの目抜きの場所へ、店を開いているのに驚いた。

そういう店に足を運んでみると、昔のように、中国人の客は、ほとんど見当らない。大部分がフランス人や、アメリカ人である。セーヌ左岸の学生街へ行くと、昔の三軒が、軒並みといっていいほど、殖えている。さすがに、ここには、中国人の客が多いが、同時に、フランス人その他の学生らしい連中も、少なくない。

パリのシナ料亭は、どれも盛況である。昔の比ではない。聞いてみると、このごろは、フランス料亭へ行くより、シナ料亭で食事する方が、安上りだという。これにも、驚いた。昔は、最も安いシナ料亭の方が、最も安いフランス料亭より、十五サンチーム高かった。

「一体パリに、何軒、シナ飯屋ができたんだね」

私は、呆れて、在留邦人に訊いた。

「三十数軒……」

「じゃア、日本飯屋は？」

「一軒」

完全なる敗北である。

そして、私は、たった一軒残ってる店に、同情を持ったのであるが、食いに行く気にはならなかった。

ところが、ある日、高田博厚が訪ねてきて、二十数年振りの対面をしたが、一緒に夕飯を食う段になって、

「おい、日本飯屋へ連れて行け」

と、頼む気になった。この頃のパリの小説でも書く機会がないとも限らず、そうすると、ただ一軒の日本料理店を知って置く必要があるかと、職業意識を起したのである。

その家は、昔からあったが、別な町に移転して、今では日本人対手のホテルを兼業していた。入口に、春日灯籠《かすがどうろう》のようなものを、飾ってあり、内部も、多少、和風を加味してる

のは、昔日《せきじつ》の比でなかったが、出てくる料理の不思議なまずさというものは、世界に冠絶した。

私は、高田に、これは驚いたというと、よくメニュを見ろと、彼がいった。スキヤキ、テンプラの文字はあるが、日本料理とは書いてなかった。レストラン・アジアチック（アジア料理店）という看板であって、日本は吸収され、存在しなかった。これでは、在仏日本大使が、国威失墜して、外交の仕事がなくなった、というわけである。

ポール軒

画家の高畠達四郎と小生が、M新聞パリ支局長I君から、午飯のご馳走になった。近頃の在留日本人は、あまりサケノミはいないが、I君は、ちょっと例外で、ルジエ亭で彼が注文した酒も結構だった。料理も、まずいということはないが、ゲテ趣味で飾り立てた室内が、鼻についた。どこか田舎の有名な建物の内部を、模したというが、塗料で古びをつけた木材や、強いて古風振ったステインド・グラスなぞは、決して、食慾をそそらない。どうも、パリには、昔のようなサッパリした料亭が、大変少なくなった。料理よりも、店内を凝らすという店が、多くなった。それを、大別すると、ゼイタク風と、ゲテ風と、モダン風との三種になるが、後の二種が多いのは、コケ脅かしがきくからだろう。その点、銀座裏とよく似ている。

それでも、満腹して、ホロ酔いになって、外へ出ると、I君が、サン・シャペルに、無論、以前ご見物だろうが、腹ゴナシに、登ってみぬかという。

「いや、僕は、初めてなんですよ」

ウソもつけないから、小生がいった。

「え、ほんとですか」

「いや、おれも、実は、まだ、見てないんだよ」

と、高畠も白状し、私たちは、路上で、ゲラゲラ笑った。高畠は、以前、八年もパリにいたし、私も、前後五年余の滞在をしたが、この有名なステインド・グラスのある古い寺院を、知らないのである。無論、所在は知っていても、足を向けなかったのである。それに似たことが、パリでは、沢山、起きてくる。有名な所は、いつでも行けると思って、後回しにしてしまう。帰る時がくると、忙しくて、見物どころではない。ナニ、そのうち、また来た時に、見物しようと思う。それで、見残してしまう場所が、実に多い。I君が、発言してくれなければ、今度も、きっと、サン・シャペルに、立ち寄らなかったろう。まア、人生なんて、そんなふうのものであるが。

ところで、サン・シャペルは、予期以上の大名所であった。これほど見事なステインド・グラスは、生れてから見たことなく、実に陶然となって、パレエ・ド・ジュスティスの門を出た。その陶然を、持ち越したい気分があり、かたがた、パリの最も美しき五月晴れであるから、セーヌ河岸を、ブラブラ歩いた。ここは、セーヌ河が、南方にある。つまり、島である。この島から、パリが発祥したので、「シテ」と呼び、昔の貴族の古い館が、沢山残っている。誰が住んでいたという由緒標が、軒並みに出ている。窓の張出しテスリの鉄具模様を見て歩くだけでも、面白い。

「どうも、今のパリで、気の落ちつく所は、ここじゃないかな」

私は、そう断定していいと、思った。モンマルトルの古さは、古さを売物にし過ぎて、どうにもこうにも、やりきれない場所になった。そこへいくと、シテの方は、見物人なんて、一人も歩いていない。シテの住人も、落ちつき払って、シテの生活を営んでいる。一番パリらしい空気、パリらしい味わいというものの残ってるのは、もう、ここ以外にないかも知れない。

やがて、私たちは、街裏の小広場へ出た。マロニエの古木が、鬱蒼と茂り、その下に、例の共同便所と、ベンチが列んでる。歩き疲れた私たちは、ベンチに腰を下したが、頭上の満開のマロニエよりも、体に染みつきそうな緑蔭の方が美しかった。こういう形式の小広場は、パリに沢山あるが、私は、ここには、見覚えがあった。昔、キャフェへいく金のない時に、ここへ休みにきたのかも知れない。

いかにも、気の休まる一隅である。人は、ほとんど歩いていないし、広場を取巻く建物は、この上なく古く、シンとしている。ボアやリュクサンブールの公園へ行ったたって、騒がしいばかりで、体を休める場所はあっても、心を休めるようなことはできない。

「いいなァ、ここは。はじめて、パリへ来たような気がするよ」

「ほんとだ、なんという広場《プラース》でしたかね」

「たしか、プラース・ドーフィヌでしょう」

I君が答えたが、私は、その名も、古い記憶に残っていた。何かの用で、ここへきたのかも知れない。さもなければ、こんな多奇のない場所の名を、覚えてるはずがない。

「おれ、ここを、画きにくるよ」

高畠が、断乎と宣言したので、

「画くなら、あの辺がいいぜ。あのビストロを入れて……」

と、私が余計な口出しをしたのは、黒いマロニエの幹を越して、金茶色のペンキに塗られた、小さな居酒屋らしい一軒が、いかにも、調和的に感じられたからである。もっとも、私の発言は、審美的動機のみではなかった。あの金茶色ペンキは、以前、料理屋だの、居酒屋だのに限って塗ってあったものだが、今度きてみると、非常に少なくなった。その色に対する郷愁のごときものが、働いていたらしい。

「うん、あの家は、入れるよ。しかし、あれは、ビストロじゃなくて、レストランらしいよ」

と、高畠がいった。

「そうかも知れない。きっと、ウマイぞ、あの家は」

「そうだ、きっと、ウマい」

高畠と私は、そういって笑い出したが、二人とも、寄り合うと、すぐ、ウマい家を探したかと、話が出るからに過ぎない。私たちは、名あるゼイタク料亭のウマいものを、望んでるのではなく、昔はパリによくあった、普通の飯屋で、ウマいものを食わせる家を、探してるのである。昨今の装飾過多の料理店で、高くてまずいものばかり食わされてる不満を、持ち合ってるからである。

それから後は、三人で、食い物の話になり、ベンチで、長々と、お饒舌《しゃべり》を続けた。

その二、三日後に、私は、高畠や宮田重雄なぞと、西村大使の晩餐に招かれた。大使公館は、四等国になっても、昔の建物を用いてるのは、賛成だったが、戦時中の荒れ方がひどく、それを修繕中で、内部は漆喰いの臭気に充ちていた。在外公館の費用も、昔とちがってお軽少なのに、大修繕をやってるのは、エライと思ったが、やがてピンときた。翌月には、戴冠式を了った皇太子が、欧州巡遊でパリにもくるのである。それに間に合すための修繕であることは、明らかである。

招宴は、日本式だった。私は、大使夫人の隣りに座を与えられた関係上、出てくる日本料理をことごとく褒めたが、ほんとに褒めたのは、マグロの刺身だけだった。地中海のキハダマグロが、ちょうどシュンで、日本の高級品と匹敵した。しかし、そのお刺身にしろ、日本酒のお銚子にしろ、礼装したフランス人のバトラーや女中が、恭しく捧げてくるのが、ちょっと面白かった。女中さんのお酌も、なかなか器用だった。

そのうちに、フランス料理のことが、テーブルの話題になり、戦後、味の落ちたことは、誰しも認めたが、ふと、大使が、思い出したように、

「シテの『ポール』へ、どなたか、行かれましたか」

「ええ、行きましたとも。大使館のK君に教えられて、すぐ、行きましたよ。ウマいですな、あすこの犢の紙包み焼きは」

響きに応ずるごとく、宮田重雄が答えた。彼のホテルは、シテの向う河岸だった。

大使も、その家の料理を褒め、その料亭の発見者である若い官補のK君の手柄を、自慢した。大使は、新聞なぞに、穏健な随筆を発表する人で、フランス文学に穏健な趣味を持ち、フランス料理に対しても、穏健な通人らしかった。穏健な食通は、せいぜい、プルニエへ行って、牡蠣でも食う程度だから、私も「ポール」なる料亭を、それほど高く評価する気はなかったが、ふと、高畠やI君と休んだ、あの小広場と、あの金茶色に塗った古いレストランのことが、頭に浮んだのである。

「その店は、プラース・ドーフィヌに、あるだろう?」

私は、宮田重雄に、「二十の扉」的な問い方をしてやった。ヤマカンというべきである。

「そうだ。行ったたか、もう?」

「行ったとも、何遍も」

私は、高畠に、目配せをした。

「早いな。しかし、ウマいよ、あすこは」

「ウマい、ウマい」

かくして、私は、宮田をマンチャクした。

この辺が、パリ滞在日本人の微妙な心理であって、人に先を越されるということが、シャクなのである。宮田重雄は、私とほとんど同時に、パリに着いてるのだから、なおさら、先を越されたくない。そこで、ちょいと、インチキを用いたのであるが、聞いてる高畠は、よほど滑稽だったにちがいない。

大使公館の帰りがけに、エトワールの明るい灯火を目ざして、私たちはゾロゾロ歩いたが、

「おい、近日宮田に知れないように、『ポール』へ行こう」

私は、高畠に囁いた。

「うん、是非、行かなくちゃ……。こっちの方が、先に発見してるんだよ。ただ、まだ食べないだけで……」

それから、二、三日して私と高畠は、戴冠式の仕事で、英国のヴィザをとるために、警視庁へ出かける必要を生じた。横浜のフランス領事館で、再入国のヴィザがとってあるから、安心をしていたら、それでは通用せぬという。そして、警視庁へ行っても、一度で済

むような簡単な国ではなく、官僚的非能率性において、日本と変らない。高畠なぞ、腐り切ってもう英国行をやめようと、いい出したくらいだが、ただ一つ、警視庁へ行くのに、タノシミがあった。それは、警視庁がシテの中にあることである。帰りに、シテを散歩すると、たいがいの不愉快も、忘れてしまう。

その日は、最も大きなタノシミがあった。無論「ポール」へ寄ることである。私たちは、ブツブツいいながら、警視庁を出たが、向側のノートル・ダアムには眼も呉れず、急いで裁判所《パレエ・ド・ジュスティス》の方角に、曲れ右した。裁判所といっても、内庭にサン・シャペルがあるくらいで、昔の宮殿だから、建築に甚だ雅味があるが、その裏にプラース・ドーフィヌを控えているという意味で、私たちには食慾さえ感じさせるのである。

家はよくわかってるから、一路、金茶色ペンキ塗りの入口へきてしまった。古風な金文字で、ＰＡＵＬと、書いてある。

「やっぱり、そうだったな」

「きまってるよ。おれたちの鼻は、確かなものだよ」

古い家だが、手入れがよく、窓にベゴニアの花鉢だの、小ギレイなカーテンが、覗いてる。中へ入ると、近頃流行の店内装飾なぞ一つもなく、昔ながらの粗末なテーブルとイスが列び、昔ながらの風俗の女中が、注文を訊きにくる。ただ、店がハヤってる証拠に、羽目板のペンキも艶々とし、床の掃除も行届いてる。

前菜に、私はフォア・グラを、高畠はアンチョビを注文し、酒は半赤《ローズ》にする。高級酒のズラリと列んだ酒表《カルト》を、鼻さきにつきつけて、いかにしてボランかというタクラミなぞは、全然、見せない。レッテルなしの並酒を飲む方が、安くて、うまくて、おトクでしょうというような風が、女中の態度にある。

「いいぜ、この家は」

「やはり、まだ残ってるんだな、こんな家が……」

高畠も私も、昔はどこにもあった、気取らない、安くてうまい飯屋を、探しアグんでいたのである。東京でも、昔は日本橋の「花村」なぞ同趣の店に乏しくなかったが、近頃はまったく払底である。駒形のどじょう屋や、根岸の笹の雪なぞ、気分は同趣だが、特殊料理だから、同類といえない。

ところで、前菜だけでは、ベタ賞めは早い。本皿《アントレ》の注文に、何を選ばんかと、メニュを睨め回すと、本日の特別料理を赤書きしてある中に、ブフ・ア・ラ・モードがある。昔は好きで、よく食った牛肉と人参の軟か煮であるが、今度は、まだ一度も食わない。名物の犢の紙包み焼きは、宮田が先鞭をつけてるから、あえて注文しないところに、微妙の心理がある。

「はい、承知しました。今日のブフ・ア・ラ・モードは、よくできていますよ。貴方、運がいいですよ」

女中さん、別にお世辞ッ気もなくそういって、伝票に書き入れる。女中がそういうことを口にするのも、昔のパリ縄暖簾の風であった。

そのブフ・ア・ラ・モードは実際において、まったくウマかった。カラシをつけて、肉を食い、野菜を食い、パンでソースを拭い、全部を平げた。昔と変らぬ、フランス惣菜料理のウマさを感じたが、分量は、昔より確かに多く、この店もまた、流行に従ってるのかと、考えた。戦後のパリで、なぜ、山盛り主義が流行るかは、研究に値いするが、戦争中に腹を空かし過ぎた反動であることは、確かに、その一因であろう。戦争中には、よほど腹ペコになったらしく、買出し苦労の話も、まったく日本と同様で、お百姓が儲け、かつ威張ったことも、寸分の違いがなかったらしい。

「ああ、今日は、ウマく食ったな」

私たちは、気持よく満腹して、「ポール」を出た。あれだけ、ウマく食って、勘定が中級料亭ナミなのも、甚だ気に入った。近所なら、毎日食いにくるのだがと、私たちは、シテを歩きながら、話合った。

「宮田には、『ポール』のブフ・ア・ラ・モードを食わなくては、通でないと、威張るんだな」

「そうだ、あいつ、きっと、まだ食っていないよ」

そのうちに、私たちはロンドンへ立ち、宮田はオランダへ出発してしまって、ついに、威張る機会を失ってしまったが、戴冠式が終って、再びパリへ帰ってから、私は、「ポール」へ一人で一度、日本のお客さんを連れて一度と、忠実なる顧客であった。

名物の犢の紙包み焼きも、もちろん、食ってみた。紙包み焼きは、日本の洋食屋さんでも、魚料理の時に試みるが、肉類では珍しい。フランスで、普通、エスカロップ・ドヴォ・ウといえば、パン粉を振りかけて、テンピで焼くのだが、ここのは、アン・パピヨットと称して、紙包み焼きにする。確かに、独特の味があり、カンバン料理の名に恥じない。パリの一流料亭の料理は、確かに下落したから、「ポール」なぞは、うまいもの屋の部に入るかも知れないと思った。しかし、どこまでも、この店は縄暖簾であり、気取らなくて、安く、ウマいところが、今のパリに珍しい、と思った。昔、上野にポンチ軒という家があったのを思い出し、どうも、これは、ポール軒だと思った。よく流行る店で、ギュウギュウ詰めで食事をするのだが、客種も、紳士淑女という人物ではない。その代り、アメリカ人の姿は見えず、外国訛りが聞えても、ラテン区に永住する半帰化人らしかった。こんな店を、よく、大使館のK君が発見したと思うのだが、懇意のフランス人に教えられて通い始め、それから、日本人が来るようになったということだった。

そのうちに、皇太子の一行が、パリに到着した。修繕のできた大使公館で、殿下のレセプションがあり、五百人からの日本人が館内を埋め、盛会だった。殿下は、最初の二日間、国賓待遇で窮屈な日を送られたと思うが、その後も、視察と見学の日程が、ギッシリ組まれて、お気の毒だった。戴冠式の骨休めに、パリでは、少しユックリされたらと、私たちは思うのだが、そうもいかないらしかった。例えば、パリ見物をなさるにしても、もし、殿下が、どの辺で喉が乾かれたら、その付近のいかなる場所で飲料を召上るかということまで、前から予定していると聞いて、ヤレヤレと思った。

それでも、そのスケジュールのうちに、ご休息日というのがあった。その日に、殿下はホテル・クリヨンで、午睡でもなさったかと思ったら、やはり、見物にお出かけになったという。どこへお出かけになったかと、訊いたら、

「なんでも、『ポール』とかいう、庶民的なレストランへ、食事に行かれたそうですよ」

「え？」

私は、耳を疑った。重ねて、訊いてみると、大使館のK君や、随行の人たちも、数名加わっているという。K君が加わってる以上、シテのポール軒にきまっている。

大出来！　天晴れ！

私は、非常に愉快になった。いや、殿下の日程があまり公式的なので、在留日本人の間にいろいろ声があり、モンパルナスの夜景色をご覧に入れろとか、甚しきに至っては、裸体踊りのキャバレへご案内すべきだ、というような説まで出た。いずれも、若き殿下に、パリの実態をお見せしたいという赤誠からであろう。私も、同じ赤誠心を持っているのだ

が、長いご滞在なら格別、今度のような場合、モンパルナスの夜景も、ハダカ踊りも、急を要せぬと思った。といって、エッフェル塔登りや、パンテオン詣りだけでも、智慧がないと思っていたのだが、ポール軒のご食事とは、実に、天才的な企画である。誰が考えついたのか、その人の名は、民主的大忠臣として、後世に伝うべきなりとまで、考えた。

ホントのパリというものが、非常に少なくなった今日だが、ポール軒なぞにあるパリは、ホンモノである。そういう所へご案内したのが、功績の一つ。次には、殿下を縄暖簾へお連れしたという大功績。これは、いくら、民主化日本といえども、国内において、望み得る現象ではない。皇太子殿下、駒形どじょう屋にてご中食ということは、一回の敗戦ぐらいでは、まだムリである。しかし、外国のご旅行先の出来事とすれば、決して、オカしいことではない。前のプリンス・オブ・ウェルズなぞは、外国の旅で、この種のことを、度々、行ってるだろう。そして、殿下が縄暖簾を潜られることが、なぜ必要かということは、別問題であるが、理窟をヌキにして、私は、殿下のような育ちの方が、庶民に伍し、庶民の食物を味わわれることが、場所が外国であっても、結構なことだと考える。殿下にとっても、国民にとっても、結構なことだと考える。

後で聞いたことだが、街の普通のレストランで、食事をしたいと希望されたのは、殿下ご自身だったそうである。ホテルや宴会の食事が毎日続いて、殿下も、少し、ゲンナリされたところだったのだろう。そこで、殿下係りの末輩を勤めていたK君が、ポール軒のことを思いついたが、もとより、独断でご案内するはずもなく、上司や随行の人と、相談したにちがいない。それにO・Kを与えた、上司や随行の人々も、相当の忠臣なりと、私は感服してる。

　ポール軒において、殿下も、名物の犢の紙包み焼きを召上って、これは、なかなかウマいと、仰有ったそうである。学習院食堂のライス・カレーと、どっちがウマいかということは、仰せられなかったようであるが、そんなことは、どうでもいい。それから、ポール軒においては、お忍びの食事なるにかかわらず、速くも、高貴の方なりと察して、主人が金蘭簿《きんらんぼ》をささげ、殿下にご署名を願ったということも聞いたが、そんな話は、もっと、どうでもいい。

タマール

私は、戴冠式の時にロンドンへ行って、久振りで、スペイン料理を食った。

ロンドンも妙なところで、ウマいものを食いに行くとなると、きまって、外国料理である。フランス料理は申すに及ばず、イタリー料理、ロシヤ料理、スペイン料理、インド料理、シナ料理の専門店が多い、どれも、大変、繁昌している。まるで、自分の国の料理はまずいと、白状してるようなものである。そして、私も、フランス料理を除くすべての外国料理店に、足を運んだ（パリからロンドンへきて、またパリへ帰るのだから、なにも、ここでフランス料理を食う必要はない）。味はどうかというと、それは、ライオンのような、大衆イギリス料理店の料理より、ちっとはマシである。しかし、義理にも、ウマいとは申し兼ねた。そのウマくなさ加減を、一口にいうと、水ッぽいのである。水ッぽいということは、イギリス料理の特徴である。つまり、イギリス化した外国料理なのだが、同じ水ッぽいのなら、私はイギリス料理の水っぽさを、少なくとも、イギリスにいる間は、愛したかった。事実、町角の小さなレストランなぞに入ると、案外、満足した食事をしたこともある。まず、イギリスのような常識国にいると、ウマいものに血道を上げる気にならなくなってくるのかも知れないが、ロースト・ビーフと、茹でジャガ芋と、あまりウマくないパンに、ビールでも飲んで、淡々と食事をするのも、悪くない気がしてくる。調味の水ッぽさが、何かイタについた感じで、これがイギリスの味であろうと、文句が出なくなってくる。

しかし、イタリー料理なぞの水ッぽいのは、閉口である。それに、そういう外国料理店の営業法が、私なぞには、少し気に食わない。インド料理に行くと、インド風装飾の室内、ターバンを巻いたインド人のボーイ、すべてインドでございと、モノモノしい。それなら、料理もインドでございとくると、話はわかってるが、これがテームス河で溺れたら、こんな味がするだろうと想像するほどに、水ッぽい。

スペイン料理屋も、同じことで、室内に、ヤタラにスペインの版画や、陶器を陳列し、主人が客席に現れて、スペインの唄をうたったり、例のスペイン風の酒の回し飲みなぞを行ったりするが、料理の方は、一向に、スペインらしくない。なにも、ロンドンの外国料理に限らないが、私は、料理店の装飾や趣向の過多を、好きな方ではない。料理店には料理を食いに行くので、こしらえもののフンイキなぞは腹のタシにならない。

そのスペイン料理屋で、食事しながら、ふと憶い出したのは、子供の時に食ったスペイン料理のことだった。それは、大変ウマかった。まだ小学生の頃で、ウマいもまずいもないのであるが、味覚も不思議なもので、瞬間に消える感覚でありながら、約半世紀を経た今日、アリアリと、その味わいを、思いだすことができる。

私も、ヨーロッパの大きな国は、たいがい歩いたが、スペインだけは行かなかったので、本国の料理を云々する資格はない。しかし、幼時に食ったスペイン料理が、かなり本格であったと推定する理由はある。

私の育ったのは横浜だが、そこのスペイン領事の家に永年いたコックが、主人の帰国によって、自分で店を始めたのである。店といっても、露路裏の汚いシモタヤ風の家屋だったが、私の母親というのが、名題の食いしん坊であって、チョン髷オヤジのいた頃の因業屋だとか、日本人が誰も足踏みしなかった頃の聘珍楼《へいちんろう》だとかいうところに、顔のきくような女だったから、新開店のスペイン料理店にも、食い意地を起したにちがいない。もっとも、その家に家号はなく、母親は、常にスパニシ料理と呼んでいた。

その家のオヤジが、一風変っていた。因業屋の初代オヤジのように、客の選り好みをするし、客を受けても、料理の注文の追加を肯じない。注文の料理をこしらえてしまうと、自分は、鰻かなんか取寄せて、一パイ飲み始めるからである。私は、彼が酒を飲んでる姿を記憶してるが、コックの癖に、ハンテンかなんかきて、怖い顔をして、小さな膳に向っていた。いかにも、酒が好き、その上、バクチも好きというようなタイプだった。

お客は、二階の一室のチャブ台で、食事をするのだが、私も子供心に、出てくる料理が、よほど、普通の洋食と変っていたことを覚えている。どの料理も、トーガラシやコショーが、大変きいていた。トマトソースを使ったものが、多かった。料理の名が、普通の洋食とまるでちがうので、面白がって覚えたが、今はまったく忘れてしまった。ただ、一つだけ記憶してるのが、タマールである。

　タマールは、その家の料理のうちでも、最もウマかったかも知れない。一種のポタージュであるが、俵型の竹の皮に入っている。本来は、トウモロコシの葉を用いると、聞いた。竹の皮を幾重にも巻き、その間には澱粉の膜がある。食べる時には、まず、ナイフで外皮を破り、その切れ目から、スプーンで、内部のポタージュを、掬い出すのである。ポタージュは、非常に濃厚で、今考えると、トウモロコシの羹《あつもの》であるが、鶏もしくは犢のような白身の肉の細片が入っていた。そして、皮の間の澱粉の膜は、スプーンでシゴき、パン代りに食べる。

　ずいぶん、変った料理で、これは、一両日は保存が効き、食べる時には、外皮のまま湯煎にすればいいので、母親は、東京の親類へ土産《みやげ》に用いたが、どこでも喜ばれたようだった。

　私は、ロンドンのスペイン料理店で、タマールのことを思い出し、一心に、メニュを探したが、それらしい文字はなかった。あるいは、スペインの地方料理で、横浜の「スパニシ料理」のオヤジは、旧主人の領事から伝授されたのかも知れない。

とにかく、ウマいもので、私は忘れられない。半世紀近くも昔の日本に、あんな純粋な味のする外国料理があったのが、不思議な気がする。それは、決して、ロンドンのイタリー料理や、東京のフランス料理のように、水ッぽい味ではなかった。

しかし、その「スパニシ料理」も、三年とは、店が持たなかった。客がつかないのと、オヤジの酒浸りが原因で、店を閉め、神奈川の方へ越して行った。母親は、そこまで訪ねて、タマールを買ってきたが、やがて、再び移転して、ついに行方も知れなくなった。

MARTY

いつか来た外国映画で、「マーティイ」というのがあった。フランス読みにすれば、マルティイであり、人の姓である。評判のよかったあの映画を、私は見落しているが、MARTYという名には、ナジミがあり、思い出をそそった。

この間、私がパリに行っていた間に、毎日通っていたレストランの名が、MARTYなのである。行きつけのレストランというものは、パリ生活で、相当の重要性を持つ。美食の目的でタマに出かける高級料亭よりも、日々の食事をする店の方が、その人の生活に関係が大きくなるのは、いうまでもない。そして、パリ人のほとんど全部が、めいめいの「行きつけのレストラン」を持っている。家庭を持ってる人も、午飯は外で食う人が多い。ホテル暮しの人は、無論である。パリのホテルは、大ホテルを除いて、食堂がなく、あっても、高くてまずいから、皆、外へ食事に出かける。そして行きつけの店ができる。できるというより、こしらえなければ、損である。フランスは、料亭に限らず、ナジミ客第一の古い習慣を持っている。フリのお客は、ロクなサービスを受けない。

昔、私のいたパリ学生街は、大衆レストランが多く、そういう店では、イスの数も多いので、フリもナジミも、あまり差別されないが、今度は、山手住宅街のような所のホテルにいたので、行きつけの小さな店を、定めざるを得なかった。

それが、MARTYだった。

中流レストランであって、名ある店ではなく、さりとて、大衆食堂でもないという店で、ほんとは、こういう店より、タキシ運転手の集まるような縄ノレンがいいのだが、生憎近所にそういう店がなかった。

四、五度通ううちに、主人が、私の顔を見て、ドアを開け、目礼するようになった。ナジミになった第一歩である。主人というのは、メーテルリンクの写真のような、無鬚《むひげ》の小肥りの男で、いつも、紺のセビロを着て、ナプキンを腕にかけていた。そのナプキンは、つまり装飾であり、ナジミ客がきた時に、席に導いて、ちょっと、テーブルの塵を払うマネするだけのものに過ぎない。しかし、フリの客には、それだけのこともしないのである。

ナジミ客に愛想をよくするのは、女給も同様である。女給といっても、脂粉の気のない中婆さんなぞが多いが、ナジミ客というものは、いつも定まったテーブルへ坐るのが習慣で、その席の受持ちの女給も、定まってくる。彼女は、メニュを持って、直ちに注文を聞きにくるが、ナジミ客の嗜好をいち早く心得て、今日のメニュは、あなたのお好きな何々があるとか、あるいは、今日の何々は特別いいというようなことをいう。そして、酒の注文も聞いて、それがやや高級なブドー酒であると、彼女はニコリとする。勘定が高くなると、彼女の歩合いも増すからである。

ナジミの店で、ナジミの女給のサービスで食事すると、気が落ちつくから、その店の食事が、それほどウマくなくても、他の店へ行く気にならなくなってくる。MARTYの店も、特にウマいものはなかった。この店は、野鳥や猪の肉の料理を、カンバンにしていたが、どれも、それほどの味ではなかった。ことに、ロースト物がヘタで、煮込み物は、やや上手だった。

そのうちに、私はここの家の魚料理が、バカにならぬことを知った。グジョンというハヤのような河魚や、メルランという海の魚のフライがメニュにある日は、必ず注文することにした。一週一度は、シャコ（日本のシャコと少しちがうが）の丸ゆでの出る日があり、白ブドー酒とともに食うとウマかった。

やはり、一軒の店のメニュにも、性格があり、それを知って注文するのが、ナジミ客の一得であった。そのうちに、主人は帰りがけに、私を見送って、握手するようになった。ナジミ待遇の第二段であった。その頃は、自然と、MARTYの娘とも、顔ナジミになった。

母親は病身がちで、二十くらいの娘が、レジスターに坐り、勘定を預り、また女給の指揮もする。蒼白い、痩せた、ブロンドの娘であったが、キビキビして、少し意地が悪いのか、女給たちは主人よりも、娘の顔色を窺う様子があった。しかし、彼女は、私には愛想がよかった。アメリカ人やイギリス人のフリの客がくると、睨みつけるような顔をする女だが、東洋人でもナジミ客となると、台の上からアイサツしたり、混雑する時など、注文が遅れぬように、私のテーブルのサービスを手伝ったりした。

私が日本へ帰る前日に、食事に行った時に、主人にその旨をいうと、ひどく残念がった表情をした。娘も、レジスターから降りてきて、別れのアイサツをした。ナジミの女給の婆さんも、主人に遠慮しながら、惜別の辞を述べた。

主人はその日のメニュに、自分でサインをして、私の家を忘れてくれるなと、私に差し出したが、日本からパリへくる人に、紹介してくれと、大きな名刺を十枚ほどくれたのは、慾が深かった。

しかし、映画のMARTYの名をみると、あの主人や娘や、あの店の空気が、おのずと心に浮んでくるほど、ナジミの店というものは、生活の中へ入ってくるのである。

故郷横浜

おもえば遠し、故郷の空――というふうに、故郷というものは、遠ければ遠いほど、故郷みたいなことになるらしい。わずか七、八里のところに故郷をもってる人間は、とかく、故郷忘じやすく、吉川英治、大佛次郎、長谷川伸の諸氏が、郷土の先輩と知っても、ああそうかと思うにとどまるのである。

だが、いつか文士録を散見した時に、里見弴氏が横浜人なるを知って、大いに驚いた。里見弴氏が横浜生れだといって、なにもビックリする必要はないのだが、出生地横浜市月岡町九番地というところに、アッと驚いたのである。実は、私も同町同番地に、一歳から十歳までの月日を送ったからである。

そこは、通称、税関山といって、旧横浜の西端の丘陵で、まず、郊外の住宅地といった界隈である。どうしてそんなところで、里見氏が産声をあげる因縁になったかというと、里見氏の厳父が、当時横浜の税関長をしておられ、税関の官舎が、そこにあったからである。どうしてそんなに、里見家いや有島家の歴史に委しいかというと、実は姉に聞いたのである。姉は有島厳父の媒酌で、鹿児島県人と結婚したから、そんなことを知ってるらしい。

私の両親が、そこへ住むようになったのは、税関官舎が売物に出て、それを横浜の富豪増田という人が買って、貸家に直したのを、借りたに過ぎないらしい。そんなことは、どっちでもいいわけだが、私がどうしても忘れられないのは、家の前の往来に、十株ばかり幹を連ねた桜の老樹である。

というと、なんだか、小学読本に出てきそうな物語でも始めそうな按配になるが、そんなツミな真似はしたくない。

右の桜は、春になると、花が咲いた。これは、あたりまえであるが、かなりの巨木であるから往来の満天を、花で埋めるように咲いた。その時分になると、十台ほどの人力車に分乗して、賑やかな一行が、関内と称する下町から、訪れてくるのである。

お花見というわけではない。人力車の上には、お座敷着の雛妓が乗っているが、それが車の梶棒もおろさず、一列に、花の下にならぶのである。それを写真屋が写真にとって、彩色をして、観光外国人に売るというだけの話なのである。だから、写真をとればスーッと帰ってしまう。

だが、後に残った私の寂しさというものは、いいようがなかった。既に、一行がきてる間、門を出たり入ったり、あるいは塀の下から覗いてみたり、顔は紅くなり、呼吸は逼《せま》り、眼がボンヤリし、軀じゅうが擽《くすぐ》ったくなり――等々の諸現象が、殺到した後だから、寂しくなるのも当然であろう。

雛妓というものほど美しいものはないと思った。私は十人ほどの雛妓の全部に、惚れた。今考えて、どんな雛妓がどんな顔をしていたかということになると、どの顔も半紙のようにノッペラボーであるが、惚れたという感情は、実に完全に経験したのである。これは私の初恋である。時に十歳未満――昔の子供は、早熟であった。

その時分、私のうちの店は居留地にあって、街の名をウォター・ストリートといった。漢字では、水町通りと書く。海岸通りの裏側の通りで、震災前の横浜を知ってる人でないと、話は通じないが、グランド・ホテルとオリエンタル・ホテルの中間あたりに店があった。

顧客は、異人サンばかりで、町内の店舗も邦人経営はほとんどなく、私が店へ遊びに行っても、近所の友達がいないので、ツマらなかった。だが、ある時一人で往来で遊んでいると、やっぱりツマらなさそうに、一人で遊んでいる異人の子を発見したのである。近所に、どこかの国の領事館があったから、そこの子供かも知れないが、私と同じく十歳未満の男の子で、たちまち、なんとなく友達になってしまった。その後、店へ行く度に、その子と遊んだ。その子は家から木槌のようなものと、木の毬とを持ち出してきて、往来で、一種の遊びを、私に教えてくれた。今考えると、それはクリケットである。

ところで、不思議でならないのは、一体、私はその異人の子と、どこの国の言葉で話し合ったかということである。その子はさらに日本語を知らなかったし、私はもちろん英語もなにも知ってるはずはなく、しかも、大いに意志疏通した記憶があるのは、奇蹟みたいな話である。惟《おも》うに子供の国の国語というやつが、炳乎《へいこ》として存在していたらしい。これは、今でも存在してるに違いない。

なおも、居留地における愉しい記憶は、西洋菓子を食うことであった。グランド・ホテルの裏に、ユダヤ人のベーカリイがあった。店の番頭に連れられて、そこへ行くと、白髪の店主が、私の首に、大きなナプキンを捲いてくれた。これは、クリームを食いこぼして、服を汚さぬ用心のためと思う。

誰しもいうことだが、初めてシュウ・クリームを食った時の驚異というものは、震天動地的なものである。こんなウマいものが世の中にあるかと思う。羊羹、最中、饅頭のたぐいは、弊履《へいり》のごとく、蹴飛ばしたくなる。私らの父兄が、自由民権思想に初めて接した時にも、恐らくシュウ・クリームと同様な、魅力を感じたに違いない。

ところが、どうだろう、近頃、他家を訪問してシュウ・クリームなぞ出されると、主婦の趣味のほどを疑いたくなる。あんな、バカバカしい単純な菓子はないと思う。これに反し、京都虎屋の羊羹、東京空也《くうや》の最中なぞとくると、その味の微妙さといい、典雅さといい、実に比較にならん高級の菓子たるを知るのである。

捨てて置けば、日本人は、みんなこういうふうになるのである。しかるに、シュウ・クリームを排撃せよとか、シュウ・クリームは醇風美俗に悖《もと》りとか——いや、誰もそんなことをいってやしない。

当時、シュウ・クリームなんて名はなかった。もちろんこれは、仏語のシュウ・ア・ラ・クレームの訛伝であるが、横浜では、クリーム・ケークと呼んでいた。そのクリーム・ケークを沢山食べ、帰りにボンボンを一袋、お土産に買って貰うのは、天にも昇る嬉しさだった。このボンボンなる名称も、仏語直輸入であるが、当時、横浜で用いられていた。今のドロップスのことに過ぎない。

故郷横浜の記憶は、数限りなくあるので、整理に苦しむ。偶然、食物の話になったから、その方を続けることにしよう。

居留地には、今もいうとおり、邦人の店は稀だったが、シナ人の洋服屋は数軒あった。トムだとか、アロンだとかいう家号である。その一軒の番頭だか、息子だかに、リョーさんという青年がいた。いかなる漢字を用うべきか、私はまったく知らない。

このリョーさんを、なぜ、今だに覚えているかというと、こんな美男子は、空前絶後みたいな気がするからである。もっとも、子供のことだから、私の鑑識眼はアテにならぬとしても、後年まで母親や番頭たちの語草になっているのだから、たしかに客観的美男子に相違ない、羽左衛門がどうの、長谷川一夫がこうのといったところで、まったく側へも寄れたものではない。色白く、鼻隆く、眉秀で、唇朱くというだけでは、羽左衛門も長谷川一夫も、似たようなものだが、鷹揚さと気品の点で問題にならなかった。いつも、身綺麗な黒いシナ服に、朱珊瑚珠《あかさんごじゅ》のついたシナ帽をかぶり、清国時代のことだから、長い辮髪を垂らしていたのだが、それで一向間が抜けず、かえって、異国の貴公子に見えたのだから、偉いものである。まず私の見た好男子の最なるものだが、これくらいのイロオトコになると、精巧な美術品に近くなってくるから、美人と惚れ合ってるところをみても、たぶん、妬けないだろうと思う。

　とにかく、この稀代の美男子は、よく店へ遊びにきたが、シナ人軽蔑の風が盛んであった当時にかかわらず、誰彼からも好かれ、親しまれていた。そのうちに、リョーさんは、私らを南京町のシナ料理へ、案内しようといいだしたのである。

　当時、わが家では、父既に歿した後なので、ボツボツシナ料理を食い始めるようになっていた。ヘンなことをいうようだが、士族出の父はシナ料理を不潔と称して、一切、家族の口にせしめなかったのである。その父もいず、当時、尖端的横浜人が食い始めたシナ料理を、二度三度試みてはみたが、メニュが読めないので、ロクでもないものしか食えなかった。その時に当って、リョーさんが案内するといったのだから、母親も、店の者も、よほど悦んだらしい。私も、十二歳ぐらいの時だったが、一緒に連れてって貰った。

リョーさんが案内したのは、聘珍楼だった。当時、日本人の行くシナ料理店は、比較的清潔なる他の店であって、聘珍楼へ足踏みする者はなかった。後にこそ、ハマのチャンはヘーチンに限るなどと、通を列べる東京人も出てきたが、その頃より、十五、六年以前の話と思って頂きたい。

この時初めて、子供心にも、シナ料理の美味なる事を知った。リョーさんは幾多の料理を注文したが、その中でも、これは日本人に向くといって、私らに薦めたのは紅露羹《こうろかん》・芙蓉蟹《ふようはい》・炒飯の三種であった。果してこの三つは、スブタ、カニタマ、ヤキメシの和名をもって、今日デパートの食堂にまで、顧客を得ている。シナ人なんて、実によく日本人の嗜好を心得ているから、油断ができない。その時リョーさんが、これも美味しいといって薦めてくれた揚げワンタンは、一向感心しなかった。ワンタンのミをそのまま油で揚げたものだが、誰も二度と箸を出さなかった。この料理、やはり、今だに誰も食う人がない。

居留地はそれくらいにして、市中へ河岸を変えると、当時、太田の牛肉屋なるものが、まだ存在していた。

これは長谷川伸さんの領分であるけれど、太田の牛肉屋というものは、横浜文化史において、なかなか重要なる位置を占めるものらしい。東京人はもちろんのこと、横浜人といえども、未だ牛肉を食することを好まなかった時代に、太田の牛肉屋のオヤジは、敢然として、牛肉の宣伝販売を企てた名物男だという。

「太田の牛肉屋でござい」

そういう呼声で、市中を売り歩いたのを、母親なぞは聞いたことがあるという。そういえば、新聞小政という一種の侠客も、わが家に出入していたようだ。紺縮緬のハッピに、緋縮緬のフンドシを締め、飛脚函のようなものに新聞を入れ、誰も新聞を読まない時代に宣伝販売をした姿が、錦絵にまでなったそうだが、私の覚えている新聞小政は、既に老境に入って加藤清正のような顎鬚を生やし、一向イナセでもなかった。なんでも、私立の動物園を計画してどうやら実現したけれど、経営に失敗して郷里へ帰ったとかいう話で、後には姿を現さなかった。

ところで、太田の牛肉屋であるが、倖いにも、私はたった一度だけ、この歴史的なスキ焼店の軒を潜ったことがある。その頃はもちろん、誰も彼も牛肉を食い、現在行われているようなスキ焼店も、伊勢佐木町あたりに出現していたので、さしも有名だった太田の牛肉屋も、没落の寸前に際していたのだろうと思う。

私は、例によって、店の者に連れられて行ったのだが、場所は南太田町の赤門付近ではないかと思われる。おそろしく汚い家で、ちょいと駒形のどぜう屋をさらに貧弱にした感じだったと思う。鍋下の木函が一列にならんでいるきりで、陽のカンカン射し込む座敷に、一人の客の姿もなかった。時間が午過ぎだったかも知れないが、太田の牛肉屋の威力、ついに失墜した結果に相違ない。

有名な太田屋の牛肉とは、いかにウマいものであるかと、私はタノシミにしていたのだが、既にシュウ・クリームの味を知ってる少年にとっては、何の魅力もなかった。家で食う牛鍋の方が、どれほどウマいか知れないと思った。

それも、そのはずなのである。太田の牛肉屋の牛鍋は、宣伝販売当時の調理法をそのままに、肉はネギマの鮪のようにブッ切りとし、味噌をもって煮て食うのである。鍋が焦げてくると、不恰好な土瓶に入れたワリシタを加えるだけである。味噌の匂いだけでも子供は辟易してしまう。

しかし、味噌を用いるのは、日本人の牛肉食用法として、由緒のあるものらしい。維新前に薬食いとして牛肉を食った場合にも、大抵、味噌は付物だったらしい。僕は牛肉の古典的料理を、その時に知って置いたのを欣《よろこ》ぶと同時に、今のように、多少とも牛肉の味を解していれば、あの時の牛鍋はきっと、ウマかったろうと残念に思ってる。ブッ切りにした肉が、柔かく食えるというのは、恐らく、身取りとしては、フィレの部分であろう。そういえば、その時の肉は、脂肪が全然見えず、フランス料理のシャトウブリアンに用いるところと、同様の観を呈していた。かなり贅沢な、スキ焼牛鍋といわなければならない。

数年前のある日、私は、偶然、新橋の小さな牛鍋屋で、ブッ切りの看板を見、試みに一食したことがある。少量ではあるが、やはり味噌を加えてあるので、三十年前の太田の牛肉屋を回顧すること一方《ひとかた》でなかった。

最後に、インゴ屋の話を一つ——

銀座裏に、因業屋と称するお座敷洋食があったことは、諸賢ご承知のとおりであるが、あの元祖が横浜にあることを、知ってる人は少ないと思う。さらにまた、その元祖が何故に因業屋と号するか、あるいは因業の本尊については、いっそう知る人は少ないと思う。因業屋——通称インゴ屋は、もちろん、その店のほんとの家号ではない。あれはたしか浪速亭といった。港橋を渡ってすぐ右側に、油障子を立てかけて、ちょいとテンプラ屋のような店構えであった。

因業の本尊は、チョン髷に結っていた。子供心にも本尊の顔を僕がハッキリ覚えているのは、このチョン髷のせいに違いない。白髪まじりのチョン髷、蟹のような赧《あか》ら顔——見るから子供の恐怖心を唆《そそ》った。

日清戦争が済み、やがて日露戦が始まらんとする時代において、なおチョン髷に結ってる爺サンが、あまり素直な性格の持主でないことは、読者の想像に余るであろう。頑固といい、因業といい、なかなかもって、徳川夢声扮する小言幸兵衛ぐらいではなかったようだ。

どう因業かというと、まず、気が向いた時でなければ、商売をしない。一日は定休日で休みますなんていうのと違って、不定期公休日を連発するのである。私らは因業屋といえば、大抵休んでるものと考えていた。第二に、気の向かないお客には、商売をしない。この頃の殷賑《いんしん》工業の御連中みたいな、肩で風切るお客でも乗り込めば、入口から追い帰されること請合いである。第三に、入場を許可したお客にも、一時間以上は、必ず待たす。そうして、酒飯一切の給仕をしない——

私の母親は、東京の親類なぞをインゴ屋へ案内する場合、まず一人で俥を乗りつけ、爺サンの機嫌を伺ってから、家へ引返して、一同を案内したものだ。さもないと、飛んだ恥を掻く惧れがある。

この爺サンも、太田の牛肉屋の主人と並んで、文化史的価値を有する人物に違いなく、洋食の開拓者の一人として、あるいは、日本的洋食の創始者として、後世に残るだろう。なにしろ、私の子供の時にすら、ビフテキを切るナイフは、錐のごとく擦り減っていたのだから、創業の古きこと察するに足る。

素麺入りスープ、揚げ馬鈴薯つきビフテキ、ライス・カレーの三種のコースの定食だが、ウマいのは、ビフテキと薯《いも》であって、他はお愛嬌のごときものである。ビフテキの焼けぎわに、醤油を入れるのがコツだそうで、とにかく、万事日本式に事を運んで、洋臭を退治した洋食であるから、今日こそ、出現を期待さるべき料理である。因業爺サン、生れかたが、五十年ばかり早過ぎた。

　さて、この因業爺サンについて、忘れ得ざる記憶ありというのは、やはり、小生十歳未満の頃、父もまだ生きていて、一家大挙して晩飯を食いに行った時のことである。

　前に述べたとおり、客が行っても、すぐ支度にかかるような爺サンではない。その点、大人は覚悟してるから、酒でも飲みながら、悠々、料理のできるのを待ってるのだが、子供の私にとって到底我慢ができたものではない。

　そこで、ついに座敷の障子を開けて、まだかまだかと、料理場を覗き込んだのである。狭い家だから座敷のすぐ隣りが、料理場になっている。見ると、爺サンようやく料理にとりかからんとするところで、白髪のチョン髷をこちらへ向けて、私の顔をグッと睨んだ。とても怖いから、すぐ障子を締めたが、やがて、再び空腹を感じてきて、また開ける。また爺サンにグッと睨まれる。かかることを、数回繰返してるうちに、

「うるせえッ」

　とかなんとか、爺サン口走ったかと思うと、今度は、自から障子を、ピシリと締め切ったのである。とたんに、私の指が、障子の間に挟まれてしまって、痛いのなんの、たちまちワアワア泣き喚いた。

　それから、どうなったのか、痛さに紛れたとみえて、私の記憶は、フッツリ消えてしまっている。

　しかし、後年、母が語るところによると、流石《さすが》の爺サンも、私の悲鳴に驚いて、

「坊や、ご免よ」

と、たった一言洩らしたそうである。

あの因業親爺を謝らせたのは、お前ばかりだと、死んだ母親は、よく私に語った。

西洋亭

昔の横浜に、いわゆる西洋料理屋が、二軒あった。半日本化した店なら、他にあったようだが、純洋食というのは、二軒のみだった。その一軒が、西洋亭だった。

西洋亭が、私の記憶に残ってるのは、日露戦争頃であるが、無論、それよりも遥か以前から、開業していたのである。西洋亭のテーブル・ナイフは、尖端が錐のように、鋭かった。そんな原形のものではなく、長年、磨き上げているうちに、擦り減ったのである。それをもってしても、歴史の古いことがわかるが、あまり切れ味がよ過ぎて、当時、幼童だった私に、母親は、いつも取扱いを注意した。

西洋亭は、南仲通り一丁目にあった。東京の日本橋界隈《かいわい》に相当する関内の中心であるから、邦人の上顧客が多かったが、外人客も多少はあった。

店は、路地のつき当りにあった。私は、銀座草創の頃の洋館建築を知るほどには、老人でないが、それを想像する手がかりは、いつも、この西洋亭だった。木村荘八氏の挿絵もまた、西洋亭を思い出させる。半熱帯風の木造二階建洋館であるが、ただ、ひどく、小さく、可愛いのである。子供の私が、そんなふうに感じたのだから、実物は、よほど、小ぢんまりしていたのだろう。階上に二間、階下に一間の客室があり、テーブル・クロスがいつも、純白で、部屋のリノリュームも、ペンキも、常に、新しく塗ってあった。狭い階段を昇るところに、柱に石油ランプが掛っていたが、室内は、ガス灯だったと記憶している。

西洋亭の料理は、非常にウマかった。今から考えると、フランス料理の系統ではなく、雑種の料理だが、日本コック（西洋亭主人）が、自分のものにして、磨きをかけたというようなものだった。得意の料理は、ロースト・チキンとコロッケだった。その頃は、ロースト・チキンのことを、グレロ・チキンといった。グリルド・チキンの訛りであろう。

コロッケは、今ほど、下等な料理ではなかった。材料も、吟味していた。しかし、フランスのクロケットのように、白ソースで肉を和え、パン粉なしで揚げるという式のものではない。大体、今のコロッケの体裁であったが、ただ、形がひどく細長かった。俵形であるが、小指の一関節ほどの細さであった。三個が一人前で、パセリが添えてあった。

これが、非常にウマかった。あんな、ウマいコロッケは、その後、日本でも、外国でも、食べたことがない。西洋亭に出前を頼む時は、私は、いつも、コロッケといった。私ばかりではない、母親や姉も、同様だった。掛けソースはなく、塩か、ウスター・ソースで食べるのだが、内容のひき肉のウマさが、特別だった。恐らく、三種ぐらいの肉を、ミックスしたのであろう。

そのコロッケを食う時に、パセリを一緒に食うと、大変、ウマかった。今では、パセリなんて、どこにもあるが、当時は、西洋野菜は、八百屋で売っていなかった。私は、パセリという名も知らず、食べていた。非常に、いい匂いがした。誰かが、この頃のパセリは匂いがなくなったことを、書いていたが、日本の土で、長く育てられると、香気を失うのかも知れない。

西洋亭へ食べに行った時に、まだ小娘だった私の姉が、ロースト・チキンをナイフで切り過って、指を切った。西洋亭のナイフは、非常によく切れるので、かなり、深く切った。純白のテーブル・クロスが点々と、血潮に染まり、姉は、シクシク泣き出した。すると、西洋亭の主人が、鶏のナマの皮を持って、二階へ上ってきた。そして、姉の指を、クルリと、鶏の皮で捲き、その上に、繃帯をした。コックといえども、時には、指を切ることもあるが、その場合には、この療法をとるのが一番だというようなことを、しきりに、私の母親に話していた。姉の傷が、それですぐ癒ったか、どうか、記憶していない。

西洋亭は、私の家の裏側に当るので、私が、屋根歩きをすると、西洋亭の物干に、飛び移ることも、自由だった。屋根歩きは、私の得意の芸で、本町一丁目の南側の屋根は、端から端まで、歩行した経験があった。町中だから、物干に、盆栽など列べてあるが、ある家の橙《だいだい》の盆栽に、大きな実が生《な》っていたのを、捥《も》いでしまって、文句を持ち込まれたこともあった。

西洋亭の物干には、いつも古パンが干してあった。歯型の残ったパンもあった。客の食べ残しや、古くなったパンを、乾燥させるらしかった。

「きっと、それを、パン粉にして、コロッケや、フライに、使うんだよ。イヤだね」

と、母親が、顔をしかめたそのパンの一片を、屋根歩きをする時に、盗んで食べてみたが、カビ臭くて、まったく、ウマくなかった。

西洋亭の洋食を、私は、十三皿食べたことがあった。もう十四、五歳になった時だった。法事か何かで、親類の客を、西洋亭に呼んだ時に、母親は、ご馳走をするつもりで、前から、西洋亭の主人と相談して、十皿のコースをつくらせた。その頃は、今とちがって、一コースの品数が、非常に多かったように、覚えている。その癖、前菜なぞは、出ないのである。スープはつくが、その他は、魚一皿に、肉の皿が無数に出る。鶏、牛肉――これは、三種類ぐらい、そして、豚肉、最後に、ハム・サラダが出る。ムヤミに、品数を多くするのが、ご馳走となっていたらしい。

私は、その時に、十皿のコースを食べ、最後に、ハム・サラダを三人前食べた。さすがに、女のお客さんは、最後の皿に手をつけなかったので、それを貰って、食べたのである。ほんとに、ノドまで食物がつかえるという感じだった。現在の私の胃の状態で、その真似をしたら、恐らく、死ぬであろう。しかし、私は、外へ出て、三十分ほど、キャッチ・ボールをしたら、じきに、胃の軽快を感じた。大食は、十代が、一番できるのではないか。二十代になると、他の欲望の方の大食が、始まってくる。

西洋亭には、お菊さんという娘がいた。娘といっても、年増くさい感じの女だったが、日本髪に結い、ジミな縞の着物を着て、客のサービスをした。彼女が出るのは、ナジミ客だけで、他は男のボーイだった。当時、女給というものはなかった。お菊さんは、五代目菊五郎に似ていたが、あの頃は、あんな顔だちの女が、多かったのではなかろうか。眼が細く、腰が細かった。弱々しそうで、気がきいて、愛想がよく、ボーイ頭の役を、立派に勤めていたようであった。

彼女は、西洋亭の一人娘で、婚期がおくれているようで、うちの母なぞは、お菊さんはどうするのだろうと、心配していた。しかし、彼女が三十ぐらいになって、店のコックを養子に貰い、西洋亭の跡を継いで、関東大震災の頃までは、盛業していたようである。そのずっと前から、私の家は東京に移ったので、お菊さん時代の西洋亭は、知るところが少ない。

しかし、彼女の娘時代に、西洋亭の食堂は、ガス灯だったが、階下の便所の側には、石油ランプが釣ってあり、その下を彼女が洋食の皿を持って通行した姿が、どういうものか、ハッキリと、瞼に残っている。木村荘八さんの絵なぞから、逆に、現実をこしらえあげたのだろうか。

南京料理事始

自分と同年輩の友人をつかまえて、君はシナ料理を何歳の時に食ったかと、訊いてみると、そうさね、浅草の来々軒でソバを食ったのが初めてだから、震災前何年ぐらいかな、というような返事が多い。

駄目駄目、そんなことでは問題にならないと、私は威張ってやる。僕はシナ料理を実に早く食った。もっとも、その頃は誰もシナ料理なんていわなかった。南京料理とか南京ソバとかいったものである。

私が南京料理を食ったのは、少なくとも四十余年以前である。初めて海鼠《なまこ》を食った人間の豪胆が推測されるように、初めてシナ料理を試みるのは、腕白少年の私も、尠なからぬ勇気を要した。横浜南京町のたしか永楽楼という家であったと思う。家へ入るとムッとし、料理を見るとムッとし、ウマいもまずいもあったものではなかった。

私に初めて「南京」を食わせたのは、Nさんという店員である。Nさんは一ッ橋の高商を途中で止めて、当時居留地にあった私の親父の店へきていた。大変な酒呑みで、暴れ者だった。したがって彼は、年中ピイピイしていた。暴れ者で、ピイピイしてる男でもなかったら、当時「南京」なんて食うことはなかったろう。シナ料理を食うことは、ちょうど、今なら、馬肉かなんか食いに行くのに相当した。横浜でさえそうだった。南京町を通るのに、鼻を抓《つま》んで駆け抜ける人さえあった。

だが、それから二、三年経って、一部の横浜人が、安くてウマいという理由の下に、「南京」を食べることが流行した。鳥ソバだの、焼ソバだのという言葉は、彼らが発明したのだと思う。値段においては、鳥ソバが八銭であることだけを、明確に記憶している。シューマイは一銭だった。一銭時代は非常に永く続いた。物価が騰ると形をだんだん小さくしたが、値段は最後まで長期抵抗を試みたところが、シナサンだと思う。シューマイを土産に買うと、赤地に金の星を刷った綺麗な函に入れてくれた。それを東京の親類へ持ってゆくと、大いに悦んだ。保守的な東京人が悦ぶくらいだから、当時頗る進取的であった横浜人は、猛然と「南京」を食い始めていたのである。だが、「南京」を食わせる家は、旧態依然として不潔だった。彼らは恐らく日本人が永く自分たちの顧客であろうとは、予期していなかったに違いない。昔の共同便所よりもっと汚れた便所が、料理場の中にあった。料理を運ぶのは日本の女だったが、容貌醜怪で、横浜で最も下等な言語を口にした。あれはみんな南京の妾なんだと、噂されていた。その頃からだった。夜になると、市中へ、飴屋の笛のようなものが響き始めた。シナ人がソバやシューマイの車を曳いて、行商を始めたのだ。横浜は屋台ソバヤが名物だったが、その模倣を始めたのだと思う。私らは甚だ奇異に、その笛の音を聞いた。子供時代の夜の記憶には、よく、あのチャルメラの音が結びついた。こんなことを話すと、私がいかにも爺サンのように聴えるが、今からたった五十年ソコソコ以前のことだ。私は十歳くらいであった——なぞと、いくら弁解しても、女の子はゲラゲラ笑うだけかな。嗚呼。

夜明かし屋

大晦日の電車は、終夜運転ときまっていたが、今もそうなのか。ということは、大晦日は夜通し活動する人間が、多かったからだが、寝ずに働くなんて、一年一度で、結構である。寝ずに遊ぶことだって、そう何度もやらぬがよい。

ところが、私の住んでる界隈は、商業にも、享楽にも、あまり関係がないのにかかわらず、徹夜営業の店が、数軒も列んでいる。何々キッチンとか、何々インとかいう看板を出して、洋食風のものを食わせ、酒も飲ませるらしい。昼間は、付近のアパート人種や、外人なぞも、腹ごしらえにくるようだが、夜半を過ぎると、町内の客は一人もないという。そして、最もにぎわうのは、夜半から明け方であり、「一度、行ってごらんなさいよ。それァ、面白いから……」と実見者の談である。もっとも、彼も、町内の人物ではない。

誰が、そんな時間に飲食にくるのかと思ったら、銀座で閉店時刻を迎えた連中が、まだ飲み足りなくて、女給さんを同伴してくるのだとのこと。また、テレビの夜業を終えた役者や、関係者も少なくないとのこと。

そんな連中が、ワアワア騒ぐので、女性は客であり、女給はいても、飲食物の運搬に従事するだけらしい。だから、怪しからん商売とは、いいにくい。

しかし、シモタ屋ばかりの町の中に、徹夜営業の飲食店が、何軒もあるというのは、どうも、ヘンな気がする。戦前は、夜明かしの店といえば、遊廓付近ときまっていた。吉原、洲崎なぞの入り口に、そういう店が、沢山あったらしいが、よく知らない。知らないというのは、偽善の目的ではなく、地理的関係で、足が向かなかったに過ぎない。その代わり、品川遊廓の夜明かし屋のことなら、まことに詳しい。

品川に、三徳という店があった。登楼の前の景気づけや、朝帰りの栄養補給のみならず、一般客も、ちょっと飲みに寄る価値があった。カニ、アナゴ、シャコ、ハマグリといった、品川湾の産物を、気軽に食わせた。埋め立てのできる前は、海も座敷から見渡され、市中と離れた気分だった。

私が学生時代から、この店に出入りしたのは、値段も安かったにちがいない。シャコで一パイやって、ハマ鍋で飯を食って、いくらでもなかった。そのうちに、店の格が上がってきて、夜明かし屋ともいえない値段になったが、そのころは、こっちも大人になっていた。

私の友人で、ドイツ人を細君にしてる男があったが、その夫婦と、よくこの店へ出かけた。そのドイツ婦人は、ベルリン生まれで、海を知らず、魚貝の味を解さなかったが、この店へきて、エビとカニを、生まれて初めて食べて、すっかり、とりつかれてしまった。こんなうまいものはないという。そして、酒も強い女で、日本酒をガブガブ飲む。度々行くので、女中さんともおなじみになったが、最初は、妙な顔をされた。遊廓の夜明かし屋へ、外国婦人が現われたことは、品川の歴史始まって以来だろう。

もう一つ、歴史のことを持ち出すと、この夜明かし屋で、今年創立二十五周年を迎える文学座の種蒔きのようなことが、行われたのである。

岸田国士と私が久保田万太郎の招きで、築地の八百善で、新しく劇団を起こす相談をしたのが、酔余、今夜のうちに、友田恭助夫妻を呼んで、話をきめちまえということになり、当時、蒲田にあった友田の家と、築地との中間距離を選び、品川の三徳で落ち合うことになった。八百善から夜明かし屋は、甚だしき下落であるが、後者の方が身分相応であり、海から吹き込む夏の夜風に、劇団の創立を祝う盃をあげた。

あの店は、私にとって懐しいが、今はありや、なしや。もっとも、現存したところで、近頃のように早寝になった私には夜明かし屋も、用なしであるが、あのような店が、遊廓の付近に限って営業を許された戦前の秩序が私には好もしい。

パリのような都会でも、夜明かし屋は、モンマルトルとか終夜営業の中央市場《レ・アール》付近にあるだけだ。人間は、夜眠ることになってるのだから、夜明かし屋も、商売する地域に、考慮があって、しかるべきだろう。所かまわず、夜明かし商売というのは、大都会の面目ではない。

しかし、遊廓がなくなってしまって、夜明かし屋も、行き先に困り、所かまわずになったのかも知れない。また、別な考え方をすれば、東京中が遊廓みたいなことになったのだから、どこに開業しても、差支えないという見地かも知れない。拙宅付近の夜明かし屋も、今のところ私の安眠を妨害する程度の騒ぎは、演じていないから、差し支えないというもののの、やはり、こういう商売は、どこか、一定の区域に、まとめてもらいたいものだ。夜明かし屋の情趣を、再現するために遊廓を復活しろともいわぬが、遊ぶ町と堅気の町は、区別した方がよろしい。

牛屋のネーさん

　ウシ年だから、牛屋を思い出したわけではないが、牛屋という語も、今は廃語に近いという愛情が、一文を書かせるのである。

　牛屋と書いても、ウシ屋と読む人が多く、ギュー屋とは、読んでくれないだろう。たとえ、ギュー屋と読んでくれても、牛肉屋のことと思う人が、多いであろう。

　そうではないのである。ギューニク屋は、牛肉を販売するのであって、ギュー屋は、牛肉を食わせる店である。といって、ビフテキを食わせるのでなく、ギュー鍋を食わせるのである。今は、牛肉のスキヤキというが、それは関西語であって、私の若年の頃の東京では、通用しなかった。

　しかし、ギュー屋でも、スキヤキ屋でも、あまり大問題ではないが、ギュー屋のネーさんということになると、私たちは、心臓を抑えながら、片手を、遠い過去の空に向かって、差しのべたくなる。

　ああ、ギュー屋のネーさんよ。貴嬢たちは、いかに、われらの青春を、時としては優しく、時としてはガサツに、飾ってくれたか。

その頃は、バーもなかった。喫茶店もなかった。ダンス・パーティもアベック・ドライブもなかった。そして、良家の令嬢は、深窓の奥にかくれ、帝劇女優は、指をくわえて眺めるほかなく、われら学生が、若き女性と会話する機会は、ギュー屋に行く以外に、与えられなかったのである。

そして、ギュー屋のネーさんは、学生を歓迎してくれた。べつに、チップをハズむわけでもないのに、他の座敷のカンザマシのお銚子を、ソッと運んでくれるくらいの実《じつ》を、見せてくれた。

昨今、松阪肉を食わせる高級スキヤキ屋が、諸所にあるが、そこに働く女中さんは、他の料亭と、変わりがない。しかし、昔のギュー屋のネーさんは、ちょっと、風俗を異にした。イキでも、上品でもなく、足袋も紺タビをはいたりしてたが、気質はサバサバして、いやらしさがなかった。髪は、きまって、イチョー返し、前かけを掛け、着物は、せいぜい、銘仙だった。幾組も客を受け持つから、サービスも忙しく、立ちながら、ナマ（肉皿）のお代わりを、ドスンと置いて去ることもあるが、手が空けば、鍋の世話をして、お酌もして、かつ、女性と会話する愉しみも、タップリと味わわしてくれる。

中学五年生の時に、大学生のマネをして、伊皿子のギュー屋で、新年会をしたことがあった。雪が晴れて、星が美しく、春のように暖かな宵だったが、五人ばかりの悪童が、鍋を囲んで、まだ味もわからない酒をガブガブ飲んだ。ゴッチンという友達は、不良仲間で、野球仲間で（後に、慶大の一塁手になったが）暴れン坊だったが、牛肉はナマで食うのがホントなんだといって、赤い肉をムシャムシャ食った。

その時の座敷を受け持ったネーさんが今でも忘れられない。年が十八、九で、大体、われらと同年だったが、東京の下町によくあるタイプの、細づくりの、アブラの少ない、キリッとした娘で、器量も悪くなかった。イチョー返しが、よく似合ったが、まだ商売ずれがしていないのか、お世辞もいわぬ代わりに、何か親切だった。

そのためか、われらはいい気持になって、馬食し、牛飲した。そのうちに、ナマ肉を食べ過ぎてゴッチンだったか、それとも他の奴だったか、ヘンな顔をし始めた。ゲロが吐きたくなったのである。

ロクに酒も飲めないくせに、ガブガブやるのだから、われらの宴会には、ゲロがつきものであった。それなのに、まるで、重病人のように、寄ってたかって、介抱してやるのは、チンピラの可愛いところだった。

しかし、われわれ以上に、心配してくれたのが、そのネーさんなのである。

「大丈夫？　気持悪いの？」

商売柄、泥酔者には慣れてるだろうに、まるで、姉が弟の世話をするように、シンミな態度だった。

やがて、歯をくいしばったヨッパライが、ついに、堪えきれず、店をひろげかけた。

「いいわ、こんなかへ、お吐きなさいよ」

彼女は、自分の両手で、器をつくった。白い、長い、きれいな指だった。しかし、後から後からと、恐るべき分量なので、彼女は、新しい自分の前掛けを、素早く、袋にした。それで、どうやら間に合った。

いろいろ、ギューー屋のネーさんにも会ったが、彼女の面影が、一番、目に残ってる。

昨年の夏、私は箱根の芦の湯で、偶然ゴッチンに会った。四十何年振りである。ナマの牛肉を食った暴れン坊が、皺だらけのジイさんになって、シワの中から、ニコニコ笑っていた。なんと、好好爺になったと、思ったら、

「おれは、とうとう、月給を一文も貰わず、一生を送ったよ」

と、そろそろ、威張り出した。

二人の中国料理人

机の上に、中国料理人からきた手紙が、二通載ってる。それぞれ別人であって、偶然、時を同じゅうしたのである。

一通は、横浜の海員閣主人、張汝琛君。この人は、以前、聘珍楼のチーフ・コックであって、戦後、独立して、南京町の横丁に、汚い、小さな店を出した。その汚さといったら、ちょっと飛び抜けたもので、客室の窓にザルがブラ下って、その中に鳥獣の臓物が黒くなって干され、蠅がタカってるといったようなことは、珍しくなかった。しかし、その頃の海員閣のウマさは、格別だった。その頃というのは、私が毎日新聞に「やっさもっさ」という小説を、書いていた時のことで、私の敗戦小説の一つであり、終戦直後の横浜を扱ったのだから、だいぶ以前のことである。

その小説で、海員閣のことを、水師閣という名で、ちょっと書いたのだが、どういうものか、主人の張さんはひどく喜んで、爾来、時あると、拙宅へ中国ソーセージとか、仲秋月餅とかいうものを、届けてくれた。一度、海員閣が火事に遇って、新築した時も、披露式に出ろといってきたが、用事あって行かれなかった。

今度の手紙は、息子が婚礼するから、式に出ろというのである。これには、少し驚いた。張さんは、私を親類並みに扱うのか。しかし、赤い紙に金文字で、挙行結婚式典是日敬備喜筵摯候恭請なぞと印刷してある。どんなご馳走が出るのか、好奇心も湧いたが、横浜まで出かけるのも、面倒くさい。断わることにする。

もう一通の方は、汪汝山君。この人はこの間まで、赤坂飯店のチーフ・コックをやっていた。私が読売新聞に「バナナ」という小説を書いてる間に、中華料理をこしらえる現場を覗きたくなり、人に頼んだら、その店を知らしてくれたのである。

汪さんに会ったのは、そこの料理場だった。張さんは広東人らしく背高で、その長い体をもてあますように腰を曲げ、好々爺の温厚人だが、汪さんの方は、デップリとした親分型で、覇気満々、どんな注文でも持ってこいという面魂である。料理も、北京系統。この二人の似てることといったら、日本語のヘタな点ぐらい。ことに汪さんはヘタで、私にくれる手紙は、日本人の奥さんが書くのである。

私は汪さんの料理振りを見学して、いろいろ得るところがあった。中国人の料理振りなんて、多少、ノロマなもんだろうと思ったら大まちがいだった。

第一、大変、手が早い。そして、大変、騒々しい。

手の働きが早いのは、道具が鉄のシャクシ一本だけだからだろう。それで、ラードとかゴマ油とか、落花生油とか、その他種々の油や、ストックのスープや、カタクリ粉のといたものまで、鍋の中へ、掬い入れる。同じシャクシで、炒《いた》めものでも、揚げものでも、ひっくりかえしたり、とりだしたりする。それが、大変、速い動作であり、また、その度に、金属製の油壺や鍋にブッかるので、ガチャン、カンカンという音を立てる。

日本人の感覚だと、その度に、道具を変えたらいいだろうと思うのだが、道具も一つ、鍋も一つ、それで、何でもカタづけてしまう。匂いが移るというようなことは、シナ料理の方では、問題ではないらしい。

それから、油を多量に使うことと、強火を使うことに驚いた。

炒めものという日本の概念は、彼らにとって、揚げものと同じらしい。芙蓉蟹のような、いわば焼き物をつくるのにも、材料がヒタヒタになるくらいの油を用いる。昔から、中国料理は油ッこいというけれど、これほど多量の油を用いる現場を見ると、なるほど、日本料理とまるで成り立ちのちがう料理だと思い、また、日本の奥さんたちのつくる中国料理が、何か一本足りないのは、思い切って、油が使えないからではないかとも、考えた。

中国料理も、一晩も二晩もかかって、ゆっくりトロ火で煮込む料理がある代りに、即席料理の方は、また、思い切った強火で、汪さんは特別あつらえのガス・レンジで、たき火のような焰の立つのを、用いていた。あんなに火が強くては、焦げつきはせぬか、あるいは、火事の危険はないかと、思うほどだったが、油が多量なので、焦げつくということはなく、また、ガスの焔が鍋の中へ入って、燃え上ることは、再々であったが、汪さん一向平気で、消そうともしない。鍋に火が入って、かえって、うまくなる料理もあるのだそうである。

そういう汪さんの動作を見ていると、何か勇ましく、潔いところさえ感じてくる。スシ職人なぞが持ってるキップと似たものさえ、リズムに乗った動作と段取りのうちに、感じとれるのである。シャクシ一本、鍋一つで、何か薄汚いような感じは、次第に、消えてきた。

そのうちに、汪さんは、曲芸みたいなことをやりだした。洋食のコックが、オムレツをひっくりかえす時のように、鍋を振って、材料を空中で一回転させ、鍋で受けとめるのだが、目的は同じことなのだろう。しかし、手段の難易は、同日の談ではない。オムレツのような、乾いたものではないのである。タップリと油の混じった濃汁の加わったものを、宙返りさせるのだから、ほんとに曲芸である。

「油が飛びますから、なるべく離れて……」

と、私をコック場に案内した赤坂飯店の支配人が、前もって注意したのは、このことだとわかった。しかし、そのわりに、油は飛ばなかった。それほど、手際がいいのである。お座敷テンプラを食う時の方が、私のセビロは油臭くなった。

私は汪さんが面白くなり、その後も食べに出かけた。客席へアイサツにくるから、ウマい時にはウマいというと、相好を崩して喜ぶのである。そのうち、家族連れで、また出かけようと思ってる矢先に、今度の手紙だった。

手紙は、その前にも貰ったことがあるが、今度のは、少し意外だった。彼は赤坂飯店を出て、銀座に店を持ち、料理人と経営者とを兼ねてるらしく、封入の名刺には、取締役とツノ書きがあった。そして、新しい店で、腕をふるうから、食べにきてくれ、一卓設けるというのである。

そういわれると、かえって、行きにくく、折りを見て、不意を襲うことにしようと、これも、断わり状を書いた。

しかし、二人の中国料理人から、同時に手紙を貰ったことは、面白かった。どうも、私は、中国人に好かれるのではないかと、考えた。そういえば、若い時に、神田のある語学講習会へ通ったことがあるが、隣りの席に坐った中国人の学生から、懐しそうに、話しかけられた。

「あなた、シナか」

私の食べ歩き

鰻

私は料理店のうちでも、鰻屋が好きである。会席料理屋のような気取りがなく、といって、牛鍋屋のようなガサツさもない。そして、あの匂いが、いかにも陽気で愉しい気分にさせる。子供の時、親たちに鰻屋へ連れていかれるのは、一番愉しみだった。ただ、長く待たせるのが、子供心に辛かった。

戦後は、私は一向料理店歩きなぞをしなくなった。鰻屋は、特に足を向けなかった。神田川とか、大和田とか、知ってる店が、戦後、どこへ行ったのやら判らず、そして、鰻だけはノレンの売れた店でないと、食うべきものでないと、考えていた。

ところが、小舟町の高嶋家という店が、美味しいから、食べに行こうと、誘われた。私が鰻通でない証拠には、その店の名も知らなかった。しかし、明治の中葉から開業していて、ことに先代の主人というのは、鰻料理人としても、鰻研究家としても、有名だったそうである。場所は日本橋であるし、そういう家ならまちがいないだろうと思って、同行した。

久振りに、鰻屋の二階に上る。階段が真っ黒に光ってる。以前は、鰻屋や天プラ屋のハシゴ段は、油染みて、滑るからアブないと、いわれた。そういう階段に、久振りでお目にかかって、懐しい。

しかし、座敷は新築だった。

まず、鰻の肝焼が出る。それで、一パイ傾ける。昔は、鰻屋へ行くと、注文してからまず一時間は待たされるから、その間に酒を飲む。酒のサカナは、香の物だった。サシミだの椀盛だのを食べると、肝腎の蒲焼がまずくなる気がした。その代り、香の物は非常に精選し、かつ多種で、盛り合せも見事なのを、例とした。

今日は先に注文してあったのか、それともこの頃の風なのか、ドシドシ、食べる物が運ばれる。鰻の白焼が出る。肝吸が出る。柳川鍋まで出てくる。私はこんなに食いたくない。まア、肝吸だの、肝焼なぞは、邪魔にならぬものであるが、柳川鍋は余計だと思う。しかし、人のご馳走だから、文句をいえない。

そこで、ムシャムシャ食ったが、柳川鍋もなかなか結構であった。しかし、それより結構なのは、白焼だった。鰻はイカダで、私はこれくらいの大きさが、一番好きである。

昔は、鰻屋へきて注文をするのに、私の親なぞは、大串を十円とか、中串の荒いのを五円とか、そんな注文の仕方をしていたように記憶する。一人前とか二人前とか、あまりいわなかったようだ。ただ、鰻の大きさだけは、ハッキリと注文した。それは、その人の嗜好にとって、決定的なものだからだろう。蒲焼の大小は、ビフテキの大小のようなものでなく、味がちがってくる。大串と小串は、味の趣きがまったく異る。そこで、自分の好みをハッキリ通じさせるのである。

私も若い頃は、特に大きいのを好んだが、今は中串、イカダぐらいが、一番うまく感ずる。今日の白焼は、ちょうど適度の大きさで、実はこれを蒲焼にして欲しかった。白焼で酒を飲み、蒲焼で飯を食うのも結構であるが、胃潰瘍を患ってから、鰻は過食しないように注意してるのである。

しかし、白焼の味が結構なので、二本とも食べてしまった。

そのうちに、蒲焼が出てきた。これが、素晴しい大串で、七十匁ぐらいの鰻にちがいない。壮観というべき蒲焼であるが、私はあまり食慾を唆られなかった。

ところが、同行者と話に夢中になって、箸を動かしてるうちに、一片を平げてしまった。残った一片も、エー面倒臭いと、食べてしまった。ひどく満腹になって、これは胃潰瘍再発するかと、ビクビクした。

食後に、主人が現われた。久保田万太郎氏の息子耕一君ソックリの顔をした、まだ若い下町人である。

話を聞くと、今日の鰻は、九州の柳河《やながわ》の産だそうで、大いに驚いた。北原白秋の故郷が鰻と鮹の産地とは聞いていたが、東京の蒲焼になってるとは、知らなかった。江戸前の鰻が一番いいが、シュン外れや入荷の関係で、よいものがない場合は、いわゆる旅の鰻で優秀なものを用いるそうである。今日の柳河産、決してまずいとは思わなかった。

それから、鰻について、だいぶ講釈を聞いたが、皆、忘れてしまった。ただ、土産が出たので、冷たくなった蒲焼を、どうして食うのがいいかを、聞いておいた。私の家では蒲焼に酒を振りかけ、ご飯蒸しでフカすが、高嶋家主人は、それよりも、酒を鍋に煮立てて、湯気に火をつけ、アルコール分を切った後に、蒲焼を浸し、五分間ほどムラすのがいいと教えてくれた。

翌日、土産をそのように実験したら、確に工合がいい。そして、心配した胃の工合が、悪くないのも、有難かった。

角正の精進料理

私は四十を越してから、精進料理が好きになり、今度の戦争が起きる少し前、昭和十六年の秋に、飛騨の高山の角正《かくしょう》という家へ食べに行った。もっとも、わざわざ食べに行ったわけではない。北陸旅行の帰りに、高山線に乗った序であった。

角正は趣きのある店だった。お寺の納所《なっしょ》のような入口が面白く、そこから丸見えの田舎風の台所が面白く、八十ぐらいの婆さんが、炉辺のような所へ坐ってる姿が見え、どう考えても、料理屋へ来たとは思われなかった。

通された部屋も、田舎の宿屋染みていた。手の届いた庭があり、それに面して広間があるようだったが、宴会の客があり、一人旅の私は、そんな部屋へ入れられたのも、当然だろう。しかし、山国らしく、もう炬燵が設けてあり、その上で食事をした。当時は価格の統制があり、品数も豊富ではなかった。しかし、私はツキダシの黒豆の味から、既に満足を感じ、最後までウマい、ウマいと、食べ終った。京都の有名な精進料理の某亭や、東京の荻窪にあった某亭より、角正の料理は、遥かに私の舌を喜ばせた。飛騨の高山という、古風な都会の雰囲気のためかとも考えたが、結局、角正の料理が日本流の精進料理であって、シナ風の精進料理——つまり、宇治の黄檗《おうばく》料理の流れを汲む某々の料亭のそれよりも、私の口に適するのだということがわかった。シナの精進料理は、法事の後の食事なぞに、偕楽園あたりで、よく食べさせられたが、あれはあれで立派な料理だと思うが、私には、湯葉だの、麩だの、ガンモドキだのを、うまく煮た料理の方が、おいしいのだから仕方がない。

その角正が、東京へ店を出したというので、今度の食べ歩きは、私の希望で、ここにして貰った。

芝の青松寺の地内で新築の家だから、もちろん、高山の店のような趣きはない。キレイな座敷で、キレイな女中さんが、恭々しく一服献げてきたりするが、こんなことも、高山の店ではやらなかったと思う。

献立

吸物　菊葉揚　じゅんさい　花柚子

前菜　そば紫蘇包　五月豆わさび漬

小付　黒豆

深鉢　飛竜頭　新ぜんまい　椎茸

八寸　胡麻おかべ　琥珀くるみ　土佐煮百合　茄子しぎ焼　きゃら蕗

口代り　クルミ豆腐　柚子味噌

揚物　新挽揚　生椎茸　青とうがらし　南瓜　かき百合　紫蘇

止鉢　ウドのクルミ酢和え

箸洗　忍生姜　松菜　角麩　梅　晒ねぎ

御汁　新わらび　茗荷

御飯

香の物

水の物

甘味

以上のものが、高山産の春慶塗りの膳や椀、それから、やはり、高山にユカリがあるらしい陶器に載って、続々と出てくる形勢である。箸も、飛騨の一位の木で、すべて高山的特徴を強調してるが、これでものを食うと、雷除けと中気除けになるというのだから、有難いようなものである。

さて、吸物と前菜と小付が出る。私は精進のダシの味が好きで、おいしく吸物を味わった。菊葉揚というのは、クワイを用いてある。

前菜では、ソバ掻きのごときものを、紫蘇の葉で包んだのが、素人にもマネができそうで、かつ美味だった。

小付の黒豆――これは、高山へ行った時にも、一番印象に残った。形が崩れず、そして実に軟かく煮てある。私はこの黒豆を、度々築地時代の八百善で食べたことがある。同じような煮方で、同じような盛方である。そのことを主人に話すと、角正という店は、江戸時代に八百善と因縁が極めて深かったという話を、聞かされた。すると、角正の料理も、純然たる高山の郷土料理でなく、都会の洗練された野菜料理法が流れ込んでるわけで、なかなか面白いことになるが、とにかく、黄檗の方と関係のない理由が、わかるような気がした。その意味で、なかなか興味のある黒豆だった。

深鉢の煮物は、私のネライの食物だが、やや期待に反して、飛竜頭《ひりょうず》（ガンモドキ）の皮が、少し歯に固く、もっとフックラと煮て貰いたかった。ゼンマイと椎茸は、よく煮てあった。こういう惣菜的なものが食べたかったのだが、主人は、会席風にしないと、東京の客に向かぬと言った。そして小生の好むようなものは、日曜の休日にでも、主人自ら座敷で調理して食わすというから、大いにその日を愉しんでいる。

クルミ豆腐は、うまかった。揚物は、蔓つきの竹籠に盛り、恐ろしく上品な精進揚を現出したが、私は走り物でなくてもいいから、もっと落ちついた味が欲しかった。

ウドのクルミ酢和《あ》えは、結構。

箸洗のお椀に、始めて麩が出た。角麩だった。麩というものは、私の好物だから、湯葉とでも煮て貰って、沢山食べたかった。万事、私の趣味は下品で、惣菜向きらしい。

それから、飯を食って、メロンなぞを食って、最後に汁粉が出る。それだけ食うと、腹一パイになって、一片の魚も肉も食べないのに、十分な食後感を感じ、満足な食事を終った気持になる。献立の配合と調和が、よく行き届いてるからだろう。ナマグサ料理を食べ飽きた紳士と淑女は、角正の一夕に、新鮮な満足を見出すにちがいない。私は慾が深いのか、飛騨の山々が軒端に見えるような料理を、もう一度味わいたかった。

豆腐とどじょう——根岸の笹の雪——

私も、長いこと、東京に住んだが、「笹の雪」だけは、一度も行ったことがなかった。それは、幼時に、あの店は早朝営業であると聞き込んだのが、耳に浸み込んでるためであった。古いノレンの家で、入谷の朝顔見物が、東京人の風習であった頃、その帰りに、人々がこの店を訪れたらしい。あるいは、吉原の朝帰りという人々も、ここで一パイやったらしい。いずれにしても、よほど早起きの必要があり、物臭さな私には、試食の機《おり》がなかった。その癖、豆腐とくると、大好物なのである。

その「笹の雪」が、戦後も店を続け、別座敷も建て、しかも、普通の時間に営業してると聞いて、早速、今度の場所を、そこに択んで貰った。

古いノレンが、掛ってる。上野の坊さんが書いた、古い額が掛ってる。ただし、家は戦火で焼けて、建て増しの座敷も、まだ、大工や左官が入っていた。

最初は、冷ヤッコが出る。なるほど、ウマイ豆腐だ。戦後、豆腐がまずくなったのを、人生の一大不幸と考えてる私は、これなら文句はないと思った。主人に聞くと、今日の豆腐は会心の出来で、こんなことは、一年に一、二度しかないという。もっとも、昔は群馬から特定の大豆を取り寄せ、もっと、風味が出せたという。いや、そんなにウマくなくてもいい。これで、結構である。

それから、アンカケ。柚子味噌豆腐。かけ醬油豆腐。空也《くうや》豆腐等、続々と出てくる。趣向は変っても、台は豆腐である。常に、豆腐である。いくら、豆腐が好きな私でも、少し、鼻につく。一体、私はカキ料理とか、鯛料理とか、単一材料料理は苦手なのである。そこで、ある品は試味するに止《とど》め、気に入った品に、馬力をかけることにした。

何が気に入ったかというと、やはり、看板のアンカケである。昔は、このアンカケと、焼海苔（一枚大のまま）と、三河島菜の漬物だけを、商ったそうである。つまり、笹の雪の豆腐といえば、このアンカケのことだったそうである。

底の浅い、茶飲茶碗のような容器一杯に、四角い豆腐の小片が入れられ、淡《うす》い色のアンがかかり、中心に、ポツンと、黄色いカラシが点じてある。ただ、それだけのものであるが、それを啜る時の舌触り、風味――実に、何ともいえない。私は必ずしも、軟かい絹漉《きぬこ》し豆腐のみの礼讃者ではない。縄で括《くく》るような、田舎の手製豆腐も、独特の味わいを持つことを、知ってる。しかし、このアンカケ豆腐は、絹漉しの味を活かした、実に見事な豆腐料理だと思った。南禅寺の湯豆腐も、食べたことがあるが、このアンカケは、恐らく、日本随一の豆腐料理と称するに足ろう。

　私は四杯食べた。アンカケだけだったら、十杯お代りしたであろう。食べた茶碗を、積み重ねるのが風習らしいが、一尺ぐらい積み上げるのは、ワケはない。私が大食ではなく、春の淡雪のように、豆腐が腹の中へ融けていくからである。そして、二杯を単位として、お代りを持ってくるが、その一人前の代価を聞いたら、三十円だという。今の東京に、こんな安くてウマいものが、どこにあるだろうか。

　商売熱心らしい、この店の主人は、いろいろ苦心を話してくれたが、私はあのアンカケの味を、この主人一人の功に帰したくない。それは、元禄年間から続いた古い店が、何代にも亙って、主人とお客が一緒になって、つくり上げた味であって、実に尚《たっと》むべきものと思う。食物の方の史蹟保存物に、指定する価値があると思う。

　豆腐といえば、京都を思い出すけれど、このアンのダシに、昆布を一切用いず、鰹節のみに頼ってるそうなのは、江戸風であり、このアンカケも江戸料理の一つの名残りとして、珍重さるべきものとも思った。

豆腐とどじょう——伊せ喜のどじょう——

私は畏まった会席よりも、縄ノレンが性に合うが、どじょう屋というものは、そのうちでも、庶民的食物屋の最たるものだろう。駒形のどじょう屋なぞ、戦前によく通い、戦後も一度行った。子供の時に食べられなかったどじょうが、反対に、ひどく好きになり、家《うち》でも、柳川鍋だの、どじょう汁なぞ、しばしば、試みる。しかし、娘や細君は、いつも、顔をシカめる。

深川高橋の伊せ喜というどじょう屋は、話には聞いたが、行くのは、今度が最初である。いつも駒形でもあるまいと、ここを択んだのである。

ここも、いろいろの品数が出た。鯉のアライ、鯉コクから、看板のどじょう鍋、どじょう蒲焼、どじょう汁まである。そうは食えないから、どじょうのどじょうたる味の横溢せるものに、主力を注ぐほかはない。

すると、やはり、鍋と汁ということになる。その鍋であるが、普通、東京でどじょう鍋というと、柳川鍋のことである。しかし、この家でも、「駒形」でも、鍋といえば、どじょうのスキ焼を意味する。鉄鍋にワリシタを入れ、どじょうと野菜を入れ、煮ながら食べる。そのどじょうを、姿のまま用いる場合は、野菜も刻みネギのみであるのは、ここも

「駒形」も同様。そして、どじょうは生でなく、一度煮てあるのも、同様であるが、伊せ喜のは、その前煮の方法が少し異るばかりでなく、ワリシタが濃く、分量も多く用いるようだった。伊せ喜も、日本橋の薬研堀で、江戸時代から開業していて、今は無い富重《とみじゅう》というどじょう屋の風を踏んでるそうだから、これも、一流儀なのだろうが、私の口には、「駒形」の方が適《ふさわ》しい。

ところが、この店では、開きどじょうの鍋も、やってる。曰く、「どじょう生ぬき鍋」。これが大変、ウマかった。私は割いたどじょうより、丸どじょうの方が好きなのにかかわらず、この鍋の方が、遥かに美味だった。「ぬき」というのは、骨抜きの意味だろうが、割いたばかりのどじょうが、色艶も生々として、皿に列べられ、それを沸騰した鍋に、焼豆腐、ささがき牛蒡《ごぼう》とともに煮る。煮るといっても、火の通った程度がいいらしく、それを、生卵につけて食べる。いかにも軽く、よい味である。

私は満腹して、柳川鍋を食べる勇気がなかったが、同行者の話によると、非常にウマかったそうである。すると、伊せ喜は、割きどじょうの料理の方が、得意なのかも知れない。

天プラ

今度は天プラを食う。

どこの家《うち》へ行こうかと、迷ったが、結局、神田猿楽町の天政を選んだ。私の馴染みだからである。この店は、疎開帰りの私が、駿河台に住んでいた間に、よく足を運び、天プラそのものも、主人の人柄も、熟知している。また、戦後派の天プラ屋のうちで、この店が頭角を現わしてることは、世評でも明らかだからである。

天プラ屋に、戦後派も、保守派もないようなものだが、やはり、新と旧があるのである。もっとも、厳密にいえば、新天プラは戦前からあった。つまり、口当りのいい、軽い天プラのことである。腹にモタれないのが特長。旧派のは、ゴマ油のみを用いて、コッテリと、濃厚な味に揚げる。浅草の中清《なかせい》とか、殊に、戦前、神田美土代町で老人夫婦がやっていた店なぞ、その代表的なものだった。昔の天プラは、そういうものだったらしい。私は、どっちが好きということもないが、今は、ほとんど姿を没した旧派の天プラに、郷愁のようなものを感じないでもない。

天政が今の場所に進出したのは、戦後であり、味からいっても、まったく新派の方である。ことに、夏時は、軽い味を出すことに、意を用い、今日の油も、聞いてみたら、相当量のカヤ油やサラダ油《オイル》を、入れてるらしかった。

まず、エビ（マキ）から食う。天政の主人は、魚屋出身であって、材料の精選が売出した主因であったが、このマキも、味と大きさ、まことに結構。しかし、三ツ四ツ食うと、私は、いつもやめてしまう。天プラはエビに限ることになっており、エビを二十も三十も食べる人があるのを、不思議とは思わないが、私は、エビが最上の味とは、思っていない。

ウマいことはウマいが、少し他愛がない。むしろ、私は魚の方を好む。

今日は、走りのハゼがあった。ハゼは大好物であるが、まだ、ほんとの味が出ていない。キスを食う。キスも、それほどでない。アナゴを食う。初めて堪能する。

天政のアナゴは、いつもウマい。よいアナゴの産地を知り、仕入れてくるのだろうが、この家の軽い揚げ方が、濃厚な味のアナゴと、調和するのではないかと思う。アナゴは、旧派のコッテリ揚げより、この方がいいかも知れない。

時外れで出なかったが、この店のギンポが、やはり、ウマい。アナゴとギンポを、私は、いつも最も多く食う。味の軽い、ハゼやメゴチも、天プラの適魚だと思うが、ギンポなぞは、天プラの材料にするために、神様が創造されたにちがいない。

天プラの間に、ギンナンや、新椎茸なぞを、ちょいと揚げて出すのも、戦後派らしい仕方である。そういえば、天ツユと大根オロシのほかに、食塩、レモン搾り汁なぞも、用意してあるのは、無論、旧派のやらないことである。洋食の魚料理の影響が、そんなところに見られる。どうせ、洋風を学ぶなら、レモン搾り汁なぞよりも、二ツ切りにして、そのまま出した方がシャれてると、主人に忠告した。この主人、江戸ッ子振らず、客の意見を尊重して、早速、そのように、レモンを持ってきたから、揚げたての熱い上に、ジュッと汁を搾って、食べてみると、それはそれで美味しい。しかし、結局、天ツユで食べるのが、一番であると、私は思ってる。

「ホルモン揚げは、どうです」

と、主人が変なことをいう。マキエビの脳味噌（？）を、海苔で包んで、揚げるのである。不老長寿の薬だというから、試みることにする。

なるほど、面白い味がする。なかなか、濃厚なものである。果して、不老長寿の効験《ききめ》があるかどうかは、ここ十年ほどの様子を見ないと、わからない。

しかし、ホルモン揚げに限らず、海苔を天プラに用いるのは、戦後派の常套手段である。ハシラを海苔に包んだり、白魚の数尾を、海苔の帯で結んだりする。ちょっと風変りで、面白いが、海苔の味が邪魔することもあるし、それに、揚げ方として、ズルい方法である。ウドン粉だけで揚げると、むつかしいから、そんな体裁のいい方法で、逃げるのである。

最後に、カキアゲで、飯を食う。

カキアゲというものは、家庭でやると、いつもしくじるから、天プラ屋で食うのが、愉しみである。今日は、夏のことで、ハシラや白魚がなく、マキエビと三つ葉だった。少し、旧派風に、コッテリ揚げてくれと、注文したら、なかなか、ウマいカキアゲができた。

一体、天プラというものは、ウナギと同様、飯とともに食うのが、一番ウマい。天丼というものが、戦後少なくなったが、昔、天金や橋善で、午飯代りに食うのは、愉しみであった。もっとも、私は戦後、胃を悪くして、夕飯は飯を一杯しか食わないから、飯と天プラの愉しみも、大いに限定されてしまった。

大いに満腹し、大いに天プラ臭くなって、天政を出たが、勘定は私が払わなかったから、実額を知らない。しかし、そう高くはないと、見当をつけた。この店は、江戸ッ子振って、威張らないし、また、ボラないのである。威張ったり、ボッたりするのは、根性が悪い。私は「自由学校」で、五百助が、この天プラ屋へくるところを書いたが、映画では、松竹も大映も、その場面を、他の飲食店にした。映画と天プラは、両立しないのであるか。

ドイツ料理

ドイツ料理はまずいという評判である。誰も、洋食というと、フランス料理を賞める。それは、まちがってはいないが、ドイツ料理がまずいという反証にはならない。私は、フランスに長くいた後に、ドイツに旅行したが、決して、ドイツの料理を不味だとは、思わなかった。ドイツ料理には、ドイツ料理の特色があり、フランス料理にない、ウマさもあった。ただ、フランス料理が、都会料理だとすると、ドイツ料理は、郷土料理ということができるだろう。郷土料理をバカにしてはいけない。日本なぞでも、現在、ウマい料理といったら、郷土料理だけではないか。

戦後、銀座付近のレストランは、フランス料理、あるいはフランス的料理が、風靡している様子だが、一軒だけ、「ケテルス」がドイツ料理をやっている。今度は、そこを味わってみることにした。

主人のヘルムト・ケテルさんと、娘さんのエリーゼ夫人が、一緒にテーブルに加わって、説明とサービスをやってくれる。

「フランス料理は、耳で食べます。ドイツ料理、舌で食べます」

無髯肥大のケテル氏、なかなか日本語が上手である。

フランス料理は、料理の名前が、それぞれ気が利いてるから、聞いてると、大変ウマそうだが、それほどでない。ドイツ料理は、実質的にウマい——というお国自慢らしい。独仏は、料理においても、仲が悪いのか。

日本で、ハンバーグ・ステーキというものが、好まれてるが、あれは、一体、ハンバーグ（ハンブルグ）の名物かと、私が訊くと、そういうわけではない——決して、ハンバーグ市民が、ハンバーグ・ステーキばかり食ってるわけではない、名も、ハンバーグ・ステーキと呼ばぬと、主人が答えた。あの料理は、ドイツ・ステーキというそうである。薩摩汁でも、鹿児島へ行くと、単に、豚汁というのと、軌を一にしてると思った。

さて、最初に「エリプセン・ズッペ」というポタージュから食べる。何しろ、この家《うち》の料理は、一皿満腹主義で、山盛りであるから、特に注文して、少量宛、各種食べることにしたが、このポタージュは、青豆やソーセージ入りの濃厚なもので、むしろ、ロシヤ・スープのボルシチの味に近かった。もっとも、ドイツ人はスープをつくることは、上手でないと、定評がある。

次が、「カルプ・ハクセ」。犢の脛肉を、大きな骨つきのまま、蒸焼煮にしてある。犢だから、軟かいのは当然だが、融けるように煮込んであり、魚肉のように、骨離れがいい。それと、付合せの野菜「ザウァークラウト」が、大変美味である。

実をいうと、私がケテルスへきたのは、このザウァークラウトが、食べたかったからである。こんな庶民的、惣菜的な味は、日本の洋食では食べられない。キャベツの塩漬であるが、これをソーセージと煮て、分量をタップリ、辛子をつけて食べる。冬なぞ、これに越した料理はない。ドイツのみならず、フランス人もこれを好み、シュー・クルトと呼び、アルザス料理だが、パリでも大いに賞美される。ちょうど、日本の漬物のように、漬け方にコツがあるらしいが、キャベツが少し酸ッぱくなり、淡い黄色を帯びてくる頃、ほんとにウマいと思う。ただし、必ず煮て食う。肉も、牛肉は合わず、豚や犢がいい。パンも黒パン、酒もビールが合うところを見ると、これは、ドイツ料理の正統であろう。

一体、ドイツ人はキャベツとジャガ芋を好み、また、その料理法をよく知ってる。ドイツ人の精力は、ジャガ芋から出ると、いわれてるほどである。この日も、ジャガ芋は、「ウィナー・シュニッツェル」（犢の衣焼）の付合せに、炒めつけとなって現われ、「ゲシュモルテス・シュワイン・リッペン」（肋骨つき豚肉の煮込み）の付合せのマッシュ・ポテトにもなって出た。いずれも、ウマかった。「ケテルス」へ行ったら、特にジャガ芋料理を注文するのも、面白かろう。芋は、北海道産よりも、栃木産を用いてるということである。

　肋骨つき豚肉の煮込みは、なかなかウマかったが、骨つき料理を二種も、主人や令嬢が選んでくれた点も、ドイツ式だと思う。そして、両方とも、煮込みものである。智慧がないといえば、それまでだが、この辺にドイツ料理の特色があるらしい。味は単調で、かつ種類も乏しいが、実質的にウマく、栄養的な点に、特色があるのだろう。

　実質的といえば、最後に、これ以上実質的な料理はあるまいと、思われる一皿が出た。「タルター・ステーキ」(生肉のタタキ)である。

　鮮紅の大ホット・ケーキのような生肉の中央に、卵黄を載せ、薬味を添えた形は、ドイツ料理には珍しく、視覚的に美しい。それをエリーゼ夫人が、手際よく、フォークで全部を攪き混ぜてくれた。私は、一度、ベルリンで食べたことがあるから、気味悪さを感じることもなく、黒パンに塗り味わった。実に、ウマい。今度の品数のうちで一番ウマかったばかりでなく、ベルリンの居酒屋で食った時よりも、もっとウマかった。

　生肉を食うのを気味悪がるのは、マグロの刺身を賞味することと、矛盾する。もっとも、ナマの魚を食うのは東洋で日本、ナマの肉を食うのは、西洋でドイツあるのみだそうである。そして、刺身にワサビを用いるごとく、タルター・ステーキにも、ナマの玉ネギ、胡《こ》椒《しょう》、ケッパーなぞの香辛料を用いる。

　この料理は、ドイツでも、非常に精力をつける料理とされてるそうだが、私自身も、これを食べながら、明日は、モリモリと、原稿が書けそうな気がした。

シナ料理

戦後、東京のシナ料理も、だいぶ変ったようで、以前に名のあった料亭が、必ずしも、昔どおりウマいものを食わすとも、いえなくなった。

もっとも、シナ料理店というものは、日本料理のように、ノレンを信用して食べるものではないかも知れない。北京《ペキン》あたりへ行けば、無論、古いノレンがものをいうだろうが、日本のシナ料理はそうでもなかった。私なぞ、横浜がシナ料理の本場だった頃を、よく知っているが、在留中国人でも、日本のシナ料理通でも、その店のコックを眼ざして、食べにいっていた。その優秀コックが、他店に移れば、客もまた、その店へ移るといった工合だった。

それから、もう一つ——そういう腕のいいコックも、あまり日本に長くいると、日本人の客の舌に媚びるようになり、次第に、特色を失ってしまうということも、覚えておく必要がある。シナ料理店へいく以上、本格のシナ料理が食べたいのは、私だけの希望ではあるまい。

ところで、今度の食べ歩きに、どのシナ料理店へ行くべきかということも、大体、その標準できめた。六本木の「上海酒家《シャンハイしゅか》」というのが、昨秋開業したばかりで、コックも来日間もないというし、客も中国人バイヤーなぞが多いという話を、聞いたからだった。

さて、出かけてみると、フランス料理店かと思うような、純洋館で、内部も清潔な洋室であり、女給さんの服装も、まったく洋風なので、意外だった。茶を入れてくるのは、ビール・コップであり、やがて運ばれた料理の食器も、全部が洋食器染みた陶器であった。これくらい、洋風に万事を運ぶのなら、今夜の献立も、カードに書いて出てくるかと思ったが、一向その様子がない。そこで、催促をすると、リンさんと呼ぶ中国青年が現われて、ワラ半紙に鉛筆で書いてくれた。そういうノンキさが、私には、やっとシナ料理店へきた気分を、味わわせた。

1 上海総盆《シャンハイソンパン》　3 咕咾肉《クウロウヨウ》　5 孔焼魚翅《ホンシヤウユーツー》　7 奶治菜心《ナイユウツアイシン》　9 冬茄鶏片湯《トンクウジペンタン》

2 清炒蝦仁《チンツアウシヤレン》　4 蠔油鮑片《ホウユウプユウペン》　6 香酥肥鴨《シヤンスーフエイヤー》　8 八宝飯《ババワファン》　10 紅荳酥餅《ホンタウスーペン》

献立の1は前菜で、冷肉と冷魚介であるが、それを西洋皿に満載し、上に一片のトマトが乗せてある。それを見て、私はハハアと思った。

パセリや、セロリや、トマトを盛んに用いるシナ料理を、以前、上海で食べたことがある。その店も、シナ料理店に似合わず、清潔美麗で、食器は銀ずくめだった。つまり、ある程度洋化したシナ料理で、国際港の上海に生れた、つまり中国の現代料理なのだろう。

この店も、同じ系統と考えたが、果して、後から出てきた八宝飯《パパワファン》には、アメリカの桜実や干ブドーまで、用いられてあった。しかし、そんな洋式材料を用いてるにかかわらず、料理の味は、東京で近頃食べたシナ料理のうちで、最もシナ的であるともいえた。

「上海料理というものは、ホントは、ないです。うちの料理も、川楊菜《ツォンヤンチャイ》——つまり、四川と楊州の料理なのです」

と、日本語のうまいリンさんが、側に立って、説明してくれる。してみると、根本は四川楊州風の料理であり、それに、現代中国人の好みを加味したものでもあろうか。

2の芝海老の炒め料理は、よくお目にかかるから、珍しくない。

3は、いわゆるスブタであるが、普通のそれと異り、肉にコロモがかかっている。そして、日本では、スブタは紅露肉という字が用いられるが、ここのは、同じ発音で字がちがう。古と老という字がツクリである。リンさんの話に、スブタは少し古い肉の処理から生れた料理だという。ただし、当店のは、今朝仕入れた鮮肉だと、抜からず弁明をした。

4の蝗という字は、牡蠣のことだそうで、カキの油を用いて、鮑を炒め煮にしたもの。その油の実物を見せてもらったが、醤油のような液体だった。そのソースのために、ちょっと変った味が出てる。

5は鱶のヒレである。方々のシナ料理店でもよく出すが、私は好物であるから、いつもこれを愉しみとしている。ここのそれは、容器の縁に黄色い脂が浮いている。聞いたら、鶏の脂《あぶら》だそうである。だから、相当、味がシツコイかと思ったが、そうでもなかった。私は、二杯、お代りをした。

6の丸焼の家鴨《あひる》――この辺が、献立の中心であろう。家鴨の丸焼も、よく出る料理だが、この家のは、ちょっと変っている。一度、揚げたものを、さらに蒸している。そのために、肉が非常に柔かい。それで、味が、決して抜けていない。また、普通、この肉を、生ネギと味噌を添え、薄焼のウドン粉の餅で、包んで食べるが、この家のは、餅はあっても、ネギや味噌はない。その代り、椒塩《シャウエン》（粉山椒と塩を混ぜたもの）と、トマト・ケチャップが添えてある。ケチャップはシナ料理に向かないから、椒塩で食った。その方がウマい。

7は白菜と干貝柱のクリーム煮で、これが、なかなかウマかった。あるいは、肉類で相当満腹した後、野菜を食ったためかも知れないが、淡にして膏――といった味で、忘れがたかった。一体、洋食でもそうだが、日本人は、野菜の多いものをバカにするけれど、かえってウマいものが多いのである。

8の八宝飯《パパワファン》は、少し西洋臭い。

9の椎茸と鶏のスープは、スープの味が薄かった。

10の菓子は、満腹にもかかわらず、甚だ美味だった。餡入りの揚げ饅頭だが、皮が最も上質なパイのように、軽くできていた。裏側に、ゴマのすったのが、塗ってあった。

以上を綜合して、やはり、ちょっと変ったシナ料理だと思った。広東料理と北京料理が、今まであったシナ料理だが、確かに、それ以外の風味を持っていた。中国人経営のシナ料理が戦後殖えたが、数が多いので、こうした変った店も現われるのであろう。

わが酒史

考えてみると、ずいぶん長い間、酒を飲んだもので、数年後には、半世紀ということになってしまう。

田舎の人は、わりあい早くから酒を飲み覚えるが、都会生れの私が、十七、八から盃を手にしたというのは、母親の仕込みなのである。

父の方は、少しは酒はたしなんでも、行儀のいい酒だったらしいが、母の家は、反対で、母の父が酒飲み、母も、女だてらに、酔うことが好きな酒飲みだった。

母が私に酒をすすめだしたのは、未亡人になってからだが、自分が好きなものを、息子にすすめるというだけのものではなかったらしい。酒害ということも、知らないのではない、それなのに、一パイどうだねと、私にいいだすのは、自分が、女の癖に酒を飲むのが、わが子に対して、キマリが悪かったのだと思う。毎夜、晩酌をやるのも、自分一人では、体裁が悪いので、息子を仲間にひき入れたかったのだろう。

女の酒で、せいぜい、一合か二合で結構なのだが、酒なしに済まされないといった酒だった。そして、酒は、ちっともウマくないと、よくいっていた。酔うことの好きな酒なのである。私の母であるより、徳川夢声の母であるべき人であった。なぜといって、私は、酒がウマい方の酒飲みになってしまったからである。

酒を味わう飲み方と、酔うための飲み方と、二つあるが、これも考えてみると、問題である。私は酒の味好きの方だと、自認しているが、少しアヤしいところもある。酔うためには、飲まないと、断言はできない。酔う作用がなければ、誰が酒なんか飲むもんかというのは、真理である。ただ酔うために、鼻をツマんで酒を飲むというのは、バカバカしい。酔うための径路としても、静かに味わって飲む方が、幸福らしい。どうも、味わうために飲むとか、酔うために飲むとかいう区別は、不要のものと思われる。

しかし、私の飲み始めは、味もわからず、酔う作用に好奇心を湧かせた。十八歳頃に、ソバ屋へ入って、天プラそばに一本を命じた。しかし、酒よりも天プラそばの方がうまかった。一合徳利が、半分以上残った。ふと考えついて、丼に残った天プラそばのツユの中に、酒を全部注ぎ、それを飲んでみた。これは酒よりもウマく、また、天プラそばのツユそのものよりもウマかった。そして、そば屋を出てしばらく歩くと、腹の中が熱くなり、何やら気分壮大となり、愉快というべきものを味わった。これが私の最初に酔った経験だった。

それから後は、手が上るばかり。

二十歳を越すと、私も、晩飯の時に一本欲しくなった。それまでは、母親の銚子のお裾分けだったが、量的にそれでは不満だった。私にも一本欲しいというと、母親は私に酒をすすめたことを忘れ、イヤな顔をした。

そうなると、家で飲むよりほかの方がいい。それに、女の欲しくなる年齢で、当時はキャフェ、バーがないから、牛肉屋の姐さんの酌を好むようになった。新橋のそばに今朝《いまあさ》という牛肉屋があったが、そこへよく出かけた。八丈の着物に黒ェリをかけ、桃割れのような髪に前髪を垂らし、一見、少女風でいて、前髪をあげると、凄い傷痕のあるというような女中がいた。

やがて、二十代の半ばに達する頃には、私も一端しの酒飲みになっていた。牛肉屋の酒なんか飲めるかい、というようなことを考えていた。酒客の好んで行くような店へ出入し、黒松白鷹だの、菊正だのを注文して得意になっていた。

酒飲みとしてのナマイキ時代で、自分では酒の味がわかったような気がし始め、酒のサカナもウニ、コノワタ、カラスミという類いしか手を出さない。何も食わないで、チビチビ、酒ばかり飲む。そして何本空けても、ちっとも酔わないところを人に見せたい。

その頃、東京の酒飲みが好んで出かける店は、銀座の加六であったが、これはなかなかコワい店で一度で懲りた。よく通ったのは、日本橋の通三丁目あたりの横通りにあった灘屋、それから、新橋駅の向側横丁の江戸銀であった。

灘屋は、菊正、大関、黒松なぞの樽を、店へ列べてあるのが特色で、後年の酒の家の発祥であった。実際、酒はよかった。オカミさんに上方訛りがあり、加六のように威張らない点がよかった。料理も悪くなく、後には、その方でも売り出したが、私は座敷へは上らず、店頭で飲む方の専門だった。

江戸銀の方は、成功して、向側に店を出す前の時代で、ひどいバラック建てだったが、食べ物も、酒も、その時の方がウマかった。後には、オヤジの銀さんが思い上って、客をゾンザイに扱い、キザな店になったが、最初はお世辞のなさが自然で、ちょっと一盃の東京料理、手をかけないイキだけで食わせる料理も、店の空気とピッタリしていた。キザな店は、昨今また殖えたが、あの種の料理は、東京に跡を絶ったので、いっそう懐しいのである。

酒も、三十ぐらいになると、多少、真味を解してくるが、私は、満三十にならぬ頃に、フランスに渡ることになり、ブドー酒の味というものを覚えた。

船がマルセーユに着いて、その晩パリ行きの汽車に乗るのに、駅の食堂で夕食をしたが、ボルドーの白の甘口の小壜が、この世のものとも思われないほど、ウマかった。追加を命じたくても、そんなことは行儀が悪いのではないかと思って、我慢した。

パリのホテルで、発音の悪いフランス語が、やっと通じて、ボルドーの白一本にありついた時は、実に嬉しかった。それらは、高い酒ではなかったが、マークのついた酒だった。バルザックか、並みのソーテルヌか、何かだった。そういう酒の口当りは、実にいいし、値段も、当時の為替相場の関係上、日本の半値にも当らないし、度々、飲まざるをえなかった。

そのうちに、どうも、ボルドーの白の甘さが、舌に濃すぎてきた。同じボルドー白のうちにも、甘口、大甘口があり、辛口、半辛口もあるとわかって、辛口の方を試みてみたが、やはり、最初ほどウマくない。しかし、赤の方が、だんだんウマくなってきた。赤ブドー酒というものは、日本では薬酒扱いで、宴会の時でも、グラス一杯くらいしか、人が飲まない。白の方が口当りがいいから、そっちの方を飲む人が多い。だが、赤を飲み慣れてみると、こっちの方が酒の味が深い。同じボルドーでも、サン・テミリオンだとか、メドックだとか、中級酒の赤ばかり飲むようになった。

そして、白の方だって、魚や鶏を食う時には飲みたくなるが、ある時、注文した白が、ひどくウマい。香味が軽く、そしてサラッとして、甘さが少ない。そのレッテルを見ると、ブルゴーニュ産と書いてある。それ以来、白はブルゴーニュにきめた。プーイとか、シャブリなぞの銘酒を、殊に愛した。

それは、滞在一年後ぐらいの時であるが、たまたま、一仏人の酒飲みと話し合って、私が我流で選択したことが、法に適ってるのを知って、大いに鼻を高くした。普通、白はボルドー、赤はブルゴーニュといわれてるが、フランスの好酒家は、私と同様、その逆を好むというのである。それが、正しい選択だというのである。

フランスの灘や伏見はボルドー、ブルゴーニュにあたるが、その他の地方でも、沢山、酒ができる。ディジョンの酒なぞも、悪くない。しかし、レッテルの張ってある酒は、よい食事の時に飲み、ほんとうの地酒で、今年酒の安いのを、日常に飲むのである。空罎を持って、酒屋へ買いにいく酒である。これを並酒とか、テーブル酒とか呼ぶが、何しろ、大変安いので、貧書生の私が、この方へ手を出すのは、当然である。一リットル分、当時の日本金で、十銭から八銭ぐらいのものだった。

もちろん、味は落ちるが、そうまずいわけでもない。生半可のマーク入りより、ウマいのさえある。これは、安いから、一リットル入り一罎を、食事毎に、平げる。フランス人として、中くらいの酒飲みの量である。そう酔いもしない。

しかし、一度、どのくらい飲めるか、試したことがあった。友人のアトリエで、牛鍋を煮ながら飲み始めたのだが、ついに三本半空けた。半というのは、おかしな分量だが、三本飲んでも大酔しないので、四本目にかかったところが、急に、便意を催したのである。膀胱《ぼうこう》でなく、腸の方の便意である。アトリエは共同便所であるから、かなり距離があり、そこまで辿りつくのが、間に合わなかった。この始末には、甚だ困却した。食事の席に帰るわけにいかない。下宿へ帰るために、外へ出たが、タキシも窓を閉めるから、工合がよくない。折よく、その頃まだお目にかかれた辻馬車が、走ってきたので、それに乗った。ホロはあっても、両側は明け放しだから、風が入るのである。

ブドー酒は沢山飲んでも、酔うより前に、意外な生理現象を起すと知ったが、やはり、若気の乱暴であって、数年前にパリへ行った時には、三本半はおろか、一リットルも飲めず、小壜がちょうどよかった。

最初の渡仏は、三年半の滞在だったが、この間に、私はブドー酒の味を覚え、日本酒と列んで、二つのわが酒なりと断じた。今でも、好きな酒はと聞かれれば、日本酒とフランスのブドー酒と答える。ウィスキーなぞも、長らく飲んでいるが、わが酒という気になれない。

ブドー酒のほかに、私は滞在中、雑酒の味も知った。まずフィヌである。コニャックの上物であるが、実にウマいのがある。これは、酒屋で買うよりも、よい料理店で出すものの方がウマい。一流料亭は、皆、ウマいフィヌを蔵しているが、中でも、マドレーヌ前の「ラ・リュウ」のそれは、消魂的ウマさで、口中花束を含むがごとき香味であった。この料亭、料理も大したもので、一流の冠たる名に恥じなかったが、昨年だか、今年だか、ついに閉店して、後はアメリカ式簡易食堂に転じたことが、新聞の隅に三行ほど出ていた。私には、アナトール・フランスの訃を聞いた時と、同じくらいの損失感を与えた。

それから、食前酒を飲むことも、覚えた。あんな甘い酒は、酒飲みの飲む酒でないぞと、考えていたが、次第に、愛用するようになった。甘さにもいろいろあって、デュボネのごときは、イヤらしいが、よいポルトオの温雅な甘さと、香気を愉しみつつ夕食前の一時間をオシャベリに費すのは、結構なものと知った。

食後酒も、フィヌのほかに、ロムとか、キルシュなぞを、好むようになったが、ペルノオ（アブサント）に到達したのは、滞仏も終りに近づいた頃だった。日本とちがって、あれを、生では飲まない。一倍半くらいの水を割り、氷を浮べ、シャボン水のような色になったのを飲むのだが、それでも、非常に強いし、匂いに癖があるので、日本人はあまり注文しない。そして、あまり上等なフランス人の飲む酒でもない。しかし、私は、これに限るという気持で、よく飲んだ。酒の強い盛りであったが、それでも、二杯飲むと、かなり酔った。三杯飲むと、泥酔した。もっとも、ペルノオを三杯お代りすれば、キャフェのギャルソンも、ちょっと肩を、すぼめてみせるような、シロモノであった。

さて、久振りで、日本へ帰ってきて、何がウマいといって、日本酒ほどウマいものはない。場末のソバ屋へ入って、一本つけさせても、非常にウマい。いわんや、しかるべき所で、しかるべき酒を飲むと、日本は神国なりという思想が、湧いてくる。

その頃は、実に、よく飲んだ。また、実に、酒の安い頃で、懐中に五円もあれば、友達と二人で、三軒ぐらい飲み歩けた。もっとも、おでん屋、酒の店というようなところばかり、歴訪するのであるが、酒だけは、存分に飲んだ。当時、新宿の東海横丁にあった酒の店では菊正や大関が、一本二十銭ぐらいだったが、それに五品のサカナがついた。しめ鯖とか、どじょう汁とかいうものが、極めて、少量であるが、運ばれてくる。それが、タダなのである。いかに、ものが安く、また、競争の烈しかった時代なるかを、知るに足る。

といって、日本酒ばかり飲んでいたわけではない。たまには、ブドー酒も飲みたくなるのだが、亀屋あたりで仕入れてくると、まことにまずい。日本の皇室には、フランスにもないようなシャトウ・イケムが蔵されてることを、ある筋から知っていたが、不思議と、市販のボルドーも、ブルゴーニュも、味が悪かった。そのうちに、カクテールを飲むことを、覚えた。

カクテールというものは、今も昔も、パリの庶民の飲む酒ではない。したがって、私も一向に嗜まなかったのであるが、日本へ帰ると、流行の酒であって、バーへ行った時に、注文してみると、アペリチーフとして、なかなか結構である。その頃は、辛口好みだったから、ドライ・マチニとか、ブロンクスばかり飲んでいたが、今日では、甘口を好むようになった。わが家に、ベルモットとジンを常備して、適当に調合している。アペリチーフとしては、多少の甘味があるべきものと、考えている。

三十代から四十代――これは酒がウマく、そして、いくらでも、酒が飲める時代で、飲み過ぎたところで、体にコタえるということはなかった。実に、乱暴な飲み方を続けた。しかし、四十代の終りから、五十の声を聞くと、体のどこかに、ヒビでも入ったのではないか、という疑いが、そろそろ起ってくる。そんな疑いは、寂しいから、強いて、飲み続けるが、すでに、陽は西山に傾いた現象は、争われないのである。

そんな時に、私は戦争に際会し、自然節酒のチエでも出せばいいものを、逆に、飲むサンダンばかりした。しまいには、お定まりの局方アルコールに、手を出した。あれは、医学の方では、無害となってるらしいが、結果として、よくないものであると医師がいっていた。

それから、疎開をしたら、そこが酒のあるところで、散々飲み、戦後帰京したら、ヤミ酒というものがあり、座談会酒というものがあり、カストリの害を蒙らなくても、ついに胃潰瘍手術というところへ、漕ぎつけてしまった。

しかし、主治医の田崎博士という人が、癒ったら、酒は飲んでもいいという。病後の療養に、湯河原へ行ってる間に、造血のために、キナ鉄ブドー酒を飲んだのが、キッカケで、また、飲み始めた。始めは、酒と水と半々にして、おカンをしたが、これが甘露の味だった。金魚酒なんて、料理屋で出されれば、腹が立つが、自分でこしらえると、別の趣きがある。

いつか、水を割らぬ酒に復旧して、今日に至っているが、さすがに、あの手術を転機として、飲み振りが、変ってきた。もう、私は泥酔するまで、飲まなくなった。飲めなくなったのであろう。泥酔の歓喜や、翌日の慚愧後悔は、高い山と深い谷で、燃ゆる血があって、跋渉《ばっしょう》できる。体のことを考える前に、燃ゆる血の欠乏で、泥酔が覚束なくなった。

　手製のアペリチーフ一杯に、日本酒二陶。この辺が、今の私の常量であり、飲めばたちまち眠くなってテレビを見るのも、億劫になる。飲めばたちまち外出がしたくなって、苦心惨憺の口実を、女房の前につくったのも、はかない夢である、人間、そうは飲みきれないものだと、ツクヅク考えるのである。

　しかし、酒の味は、いつまでたっても、ウマいものである。そして、独酌の酒が、いっそうウマい。若い時は、対手なしに飲んでも、意味なかったが、今は、大抵の男が（女は無論のこと）ジャマである。誰もいない方が、よろしい。もう、沢山は飲めないのだから、ジャマなんかされたくない。

　それから、酒のサカナの好みも、すっかり変ってきた。コノワタや、ウルカも昔のように、好きでなくなってきた。いま住んでる大磯は、いろいろの魚があって、結構なのだが、サシミなんて、酒のサカナよりも、飯のオカズにする方が、好きになった。ナマ臭いのである。といって、肉は、もっと、ご免であるから、何を食っていいか、わからない。

　皮つきのジャガ芋を、まる茹でにして、塩をつけて食ったら、サカナになった。こんなことは、昔は、想像も及ばぬことであった。

解説

高崎俊夫

獅子文六の静かなブームが続いている。二〇一三年にちくま文庫で『コーヒーと恋愛』が復刊され、以来、『七時間半』、『てんやわんや』、『娘と私』、『悦ちゃん』、『自由学校』と陸続と刊行されて、すべてに重版がかかるという異例の人気ぶりを誇っている。

そもそも以前から、微かな予兆はあった。小林信彦、中野翠《なかのみどり》、福田和也、堀江敏幸、平松洋子といった名だたる読み巧者たちが折に触れて獅子文六を絶賛しているせいもあり、〈昭和を代表するユーモア作家〉というイメージが定着しつつあったからだ。

私見によれば、この時ならぬ獅子文六ブームの遥かな源流をたどってみると、〈映画〉に行き当たるのではないかと思う。近年、マニアックなプログラムで知られる都内の幾つかの名画座では戦前から昭和二十〜三十年代にかけての古い日本映画が若い世代の注目を集めていて、なかでも前述の文庫で復刊された獅子文六の小説の映画化作品はどれも人気が高いのだ。

たとえば、『てんやわんや』（50）と『自由学校』（51）は、デビューしたばかりの淡島千景の潑溂《はつらつ》とした魅力と相まって、繰り返し上映されている。両作品とも監督は渋谷《しぶや》実《みのる》で、小市民的で微温湯的なホームドラマが主流であった松竹大船映画の中では異色の、辛辣な皮肉と鋭い諷刺に富んだ喜劇を得意とする巨匠である。

さらに松竹で渋谷実と師弟関係にあった川島雄三監督は、『七時間半』を原作とする『特急にっぽん』(61)を東宝で撮っている。こちらもスピーディで小気味よいテンポの会話が魅力的なスクリューボール・コメディの快作で、最近、女性ファンが急増している。

ふたりの監督はどちらも偽善を嫌う反マジメの精神、ちょっと世の中を斜に眺めるようなシニカルな戯作者的な姿勢が一貫しており、近年、再評価が高まっているのは興味深い。このふたりの映画監督の毒を含んだ諷刺喜劇と獅子文六の諧謔に満ちたユーモア小説の魅力はそのままピタリと重なるからである。

なかでも注目したいのは、日活に移籍したばかりの川島雄三監督が、才気煥発でユニークな喜劇映画作家として最初に評価されるきっかけとなった『愛のお荷物』(55)だ。この産児制限とアプレゲール世代を諷刺した傑作コメディは、もともと獅子文六がパリで舞台を見て熱烈に惚れこみ、帰国後、文学座で自ら演出を買って出たアンドレ・ルッサンの『あかんぼ頌《しょう》』が原作なのである。

獅子文六は、一九二二年(大正十一年)、〈父の遺産がわずかに残っていたのを蕩尽せんという決意〉で、二十九歳でパリに渡り、三年間、純粋劇やブールヴァール劇を研究している。後に、本名の岩田豊雄で、岸田國士《くにお》、久保田万太郎と共に文学座の創設メンバーとなるのは周知のとおりである。日本的な湿っぽい情緒に媚びる感傷的な笑いを拒否し、ドライな批評精神に裏打ちされた真に知的なユーモアを武器に、日本の大衆文学に新たな地平を切り拓いた獅子文六の原点はこのパリ体験にある。

獅子文六は稀代のグウルマン（食いしん坊）としても知られており、食味随筆の名著『食味歳時記』（中公文庫）に続いて、『私の食べ歩き』が復刊されることはまことに喜ばしい。

獅子文六の食べ物に関する文章は、凡庸な作家の手になる空疎な美辞麗句を羅列するだけの嫌みたらしい、気取った食通エッセイとは似て非なるものだ。それは、たとえば吉田健一の『私の食物誌』や檀一雄の『美味放浪記』、色川武大の『食いたい放題』と同様、食べることの無償の快楽を繊細に飽くことなく追求してやまない名文ぞろいである。

それを裏付けるように、本書の「パリを食う」の冒頭で獅子文六は次のように潔く宣言する。

〈食通とは、あらゆる通のうちで、一番オカシなもので、そんな通を列べることは、真平御免である。けれども、生来、私は胃が丈夫なうえに、慾望崇拝家であるから、食い意地《くら》は一方ならず張っているので、無け無しの財布をふるって、パリの名のある料理店を、食って歩いた。〉

晩年、獅子文六は、飯沢匡《ただす》に向かって、「わたしの小説の主人公は、みんな自分と逆の男ですよ。」と述懐したとされる。むろん、その種の作者のセリフを額面通りには受け取れないものの、『娘と私』『父の乳』などの自伝的長篇をのぞけば、獅子文六は、作品の中で自己を語ることは極端に少ない。むしろその都会的なシャイネスと含羞、過剰なまでに韜晦《とうかい》をもってなる稀有な小説家といえるだろう。

実は、本書の読みどころは、獅子文六の古今東西の食べ物にまつわる年季のはいった蘊《うん》蓄《ちく》を味わうだけではなく、むしろ食味を通じて呼び起こされる個人的な記憶、あくまで断片としてつつましげに語られる自伝的な回想にこそある。

たとえば「バナナの皮」は、新聞小説『バナナ』が終了した際に書かれた随想である。生粋の浜っ子である十代の文六少年は初めてバナナを口にし、世にこれほど美味い果実があるのかと驚嘆する。ふとイヤになるほどバナナを食べれば、嫌いになるのでは、という奇案を思いつき、手許にあった五十銭を使い南京街で大量のバナナを平らげた思い出から、一気に二〇年代のパリで見たある踊り子の舞台へと連想が飛ぶ。

〈黒い鞭のような、長い手肢とおカッパ髪と、白い歯と、大きな乳房の他に、彼女の特徴といったら、腰の廻りに、黄色いバナナの房を廻らせていることだった。……黒人の女のお国自慢には、多少ワイセツの意味も加わっていた。バナナは、フランスばかりでなく、ヨーロッパの国の一つの隠語になっているが、ジョゼフィン・ベーカーは、少女的無邪気な美声で唄うので、面白い効果があり、あんなに受けたのだろう。

私はバナナという果実に、愛嬌と滑稽味があることを、この時分に知った。〉

獅子文六は神話的な歌手・ダンサーであるジョゼフィン・ベイカーの戯れ唄からバナナのできる国では、バナナは最も下級な果物であることに思いを馳せる。しかし、なんと特権的で豪奢な回想であることか。そして終戦直後のお茶の水の角にある喫茶店で、横流しの廃棄品のような屑バナナを食べながら「ずいぶん、久し振りね。とても、おいしいわ」と呟く二十歳の長女をみつめる光景で終わるこのエッセイは、まるで上質の短篇小説を読むような味わいがある。

「パリの日本料理」というエッセイの冒頭はこんな具合である。

〈私が、最初、パリに行った頃は、日本料理屋が一軒しかなかったが、それから間もなく、二軒殖えて、三軒になった。

殖えた二軒のうち一軒は、武林《たけばやし》無想庵《むそうあん》の細君が、経営していた。そういう店は、値段が高いので、私は滅多に行かなかったが、日本からきた客を案内して、一、二度、寄ったことがある。無名の文学青年の私は、酔払って、主人の無想庵に会わせろといったら、細君の文子が地下室に案内した。

寒々とした地下室の中央に、テーブルを置いて、無想庵が原稿を書いていた。

「おかしな男だね、君は」

初対面の無想庵は、私の酔態を笑ったが、どういう好感を持ったのか、帰朝後、私の不出来な劇作を、新聞で賞めてくれた。〉

この一文の主眼は、当時のパリにおける中華料理店と日本飯屋のあまりのまずさ、その後の両者の非対称的な盛衰ぶりをユーモラスに綴ることにある。だが、読み終えると、若き日、谷崎潤一郎、芥川龍之介を凌駕する博識ぶりで知られたものの、スキャンダルにまみれて、失意と落魄の生涯を送らざるを得なかった伝説の作家、武林無想庵のさりげないスケッチこそがあざやかに記憶に刻まれることになる。

パリと同様に、獅子文六の味覚に多大な影響をもたらしたのは、敗戦直後に、疎開した妻の実家のある愛媛の岩松町（現・宇和島市）である。地元の人たちの素朴な人情とすばらしい風光。そして海の幸。そのかけがえのない至福の体験は『てんやわんや』に活写されているが、本書の「鉢盛料理」も、岩松の素封家の婚礼披露で目の当たりにした光景を驚くべき克明さで再現している。

宴もたけなわ、獅子文六は山葵《わさび》と生姜《しょうが》もなく、刺身の上にいきなり醤油をぶっかけるのを見て蛮習だろうと質問する。すると、こんなやりとりが再現される。

〈漁場に近き彼らは実に鮮魚の味をよく知っていた。例えば鯛にしても、釣ったもの、網のものの相違はもとより、活きた鯛よりも釣ったその場で頭部のある個所を刺したものを、適当の時間後に食事する方が遥かに味よきことなぞを述べた。また、わざと生簀に一週間も置いて、痩せさせた鯛の味なぞも賞讃した。そして、そういう微妙な鮮魚の味は、山葵や生姜を用いると、どこかへケシ飛んでしまうというのである。……これはさもありなむと、引退るほかはなかった。要するに、鉢盛料理はあらゆる意味から、海岸の料理であり、生産地の料理であった。材料の質と量と種に十分恵まれなければ、結局、愚劣な料理というほかはない。実は小生も戦争を経験して、つくづく、文士の無常を感じ、再び上京の暁には鉢盛料理を開業して、長崎料理の向うを張らんかと考えたが、東京では算盤がとれぬと悟り、大いに失望したのである。〉

このエッセイなど食を通じて岩松という土地の習俗を探ろうとする民俗学者のような好奇心と親密さに満ちた眼差しが感じられる。

私はこういう率直で豪胆な文章を読むと、ゆくりなくも、夭折した作家、山川方夫《まさお》が書いた獅子文六の『町ッ子』の卓抜な書評の一節を思い浮かべてしまう。

〈そこにはまったく老頽には無縁な、つよい健康な精神――「私」という、ひどく手ごたえの確かな、明治の健康な骨っぽさをもった人間、魅力にとんだ一人の男性が、今日を生きているのである。……当代、獅子氏のほかに、これだけ若々しい老年を描ける作家がいるだろうか。〉

まさに、しかり。獅子文六という稀有な作家は、〈老頽には無縁な、つよい健康な精神〉そのものにほかならないのだ。

（たかさき　としお／編集者・映画評論家）

今日の歴史・人権意識に照らして、不適切な語句や表現が見られますが、時代的背景と作品の価値とに鑑み、また著者他界により、原文のままと致しました。

『私の食べ歩き』一九七六年十一月　ゆまにて刊

中公文庫

私《わたし》の食《た》べ歩《ある》き

1999年10月18日　初版発行
2016年 9 月25日　改版発行

著　者　獅子《しし》 文六《ぶんろく》

発行者　大橋 善光

発行所　中央公論新社
〒100-8152　東京都千代田区大手町1-7-1
電話　販売 03-5299-1730　編集 03-5299-1890
URL http://www.chuko.co.jp/

ＤＴＰ　嵐下英治
印　刷　三晃印刷
製　本　小泉製本

Published by CHUOKORON-SHINSHA, INC.
Printed in Japan　ISBN978-4-12-206288-7 C1195

中公文庫既刊より

各書目の下段の数字はISBNコードです。978－4－12が省略してあります。

し-31-5
海軍随筆　獅子文六
海軍兵学校や予科練などを訪れ、生徒や士官の人柄に触れ、共感をこめて歴史を繙く「海軍」秘話の数々。小説『海軍』につづく渾身の随筆集。〈解説〉川村　湊
206000-5

し-31-6
食味歳時記　獅子文六
ひと月ごとに旬の美味を取り上げ、その魅力を一年分綴る表題作ほか、ユーモアとエスプリを効かせた食談を収める、食いしん坊作家の名篇。〈解説〉遠藤哲夫
206248-1

あ-13-6
食味風々録　阿川弘之
生まれて初めて食べたチーズ、向田邦子との美味談義、海軍時代の食事話など、多彩な料理と交友を綴る、自叙伝的食随筆。〈巻末対談〉阿川佐和子〈解説〉奥本大三郎
206156-9

あ-66-1
舌　天皇の料理番が語る奇食珍味　秋山徳蔵
半世紀以上を天皇の料理番として活躍した著者が「舌は味覚の器であり愛情の触覚」と悟った極意をもって秘食強精からイカモノ談義までを大いに語る。
205101-0

あ-66-2
味　天皇の料理番が語る昭和　秋山徳蔵
半世紀にわたって昭和天皇の台所を預かり、日常の食事と無数の宮中饗宴の料理を司った「天皇の料理番」が自ら綴った一代記。〈解説〉小泉武夫
206066-1

あ-66-3
味の散歩　秋山徳蔵
昭和天皇の料理番を務めた秋山徳蔵が〝食〟にまつわるあれこれを自ら綴る随筆集。「あまから抄」「宮中の正月料理」他を収録。〈解説〉森枝卓士
206142-2

い-106-1
変わる家族　変わる食卓　真実に破壊されるマーケティング常識　岩村暢子
朝食はお菓子、料理は気分次第……普通の家庭の日常の食卓が写真付きで徹底分析されることによって浮彫りにされる衝撃的な日本の「現在」。〈解説〉養老孟司
205219-2

い-116-1
食べごしらえ おままごと 石牟礼道子
父がつくったぶえんずし、獅子舞にさしだした鯛の身。土地に根ざした食と四季について、記憶を自在に行き来しながら多彩なことばでつづる。〈解説〉池澤夏樹
205699-2

う-1-3
味な旅 舌の旅 宇能鴻一郎
北は小樽の浜鍋に始まり、水戸で烈女と酒を汲みかわし、海幸・山幸の百味を得て薩摩半島から奄美の八月踊りにいたる日本縦断味覚風物詩。
205391-5

う-30-1
「酒」と作家たち 浦西和彦 編
『酒』誌に掲載された、川端康成、太宰治ら作家たちとの酒縁を綴った三十八本の名エッセイを収録。酌み交わし、飲み明かした昭和の作家たちの素顔。
205645-9

お-80-2
芸談・食談・粋談 柳家小さん 興津要
落語家として初の人間国宝になった昭和の大名人が、江戸文学の泰斗を相手に、芸、食、そして「江戸の粋」の本質に至るまで縦横無尽に語り尽くした名対談。
205794-4

か-2-3
ピカソはほんまに天才か 文学・映画・絵画… 開高健
ポスター、映画、コマーシャル・フィルム、そして絵画。開高健が一つの時代の類いまれな眼であったことを痛感させるエッセイ42篇。〈解説〉谷沢永一
201813-6

か-18-9
ねむれ巴里 金子光晴
深い傷心を抱きつつ、夫人三千代と日本を脱出した詩人はヨーロッパをあてどなく流浪する。『どくろ杯』につづく自伝第二部。〈解説〉中野孝次
204541-5

か-56-1
パリ時間旅行 鹿島茂
オスマン改造以前、19世紀パリの原風景へと誘うエッセイ集。ボードレール、プルーストの時代のパリが鮮やかに甦る。図版多数収載。〈解説〉小川洋子
203459-4

か-56-3
パリ・世紀末パノラマ館 エッフェル塔からチョコレートまで 鹿島茂
19世紀末、先進、躍動、享楽、芸術、退廃が渦巻く幻想都市パリ。その風俗・事象の変遷を遍く紹介する魅惑の時間旅行。図版多数。〈解説〉竹宮恵子
203758-8

各書目の下段の数字はＩＳＢＮコードです。978－4－12が省略してあります。

か-56-4
パリ五段活用 時間の迷宮都市を歩く
鹿島 茂
マリ・アントワネット、バルザック、プルースト――パリには多くの記憶が眠る。食べる、歩くなど八つのテーマでパリを読み解く知的ガイド。〈解説〉にむらじゅんこ
204192-9

か-56-9
文学的パリガイド
鹿島 茂
24の観光地と24人の文学者を結ぶことで、パリの文学的トポグラフィが浮かび上がる。新しいパリが見つかる、鹿島流パリの歩き方。〈解説〉雨宮塔子
205182-9

か-56-10
パリの秘密
鹿島 茂
エッフェル塔、モンマルトルの丘から名もなき通りの片隅まで……時を経てなお、パリに満ちる秘密の香り。夢の名残を追って現代と過去を行き来する、瀟洒なエッセイ集。
205297-0

か-56-11
パリの異邦人
鹿島 茂
訪れる人に新しい生命を与え、人生を変えてしまう街――パリ。リルケ、ヘミングウェイ、オーウェルら、触媒都市・パリに魅せられた異邦人たちの肖像。
205483-7

か-56-13
パリの日本人
鹿島 茂
西園寺公望、成島柳北、原敬、獅子文六……。最盛期のパリを訪れた日本人が見たものとは？　文庫用に新たに「パリの昭和天皇」収録。〈解説〉森まゆみ
206206-1

き-7-3
魯山人味道
北大路魯山人
平野雅章 編
書・印・やきものにわたる多芸多才の芸術家・魯山人が終生変らず追い求めたものは〝美食〟であった。折りに触れ、書き、語り遺した美味求真の本。
202346-8

き-15-12
食は広州に在り
邱 永漢
美食の精華は中国料理、そのメッカは広州である。広州美人を娶り、自ら包丁を手に執る著者が、蘊蓄を傾けて語る中国的美味求真。〈解説〉丸谷才一
202692-6

き-30-11
いのちの養生ごはん 暮らしと食べ物 エッセイ&レシピ
岸本 葉子
がんを経験した人気エッセイストが提案する体にも心にもやさしい料理。目からウロコのアイディアが満載。シンプルで心地よいご飯エッセイ＋レシピ集。
205806-4

こ-4-5
食味往来 食べものの道
河野友美
食べものには各々明確な一つの道がある。コンブの道、黒潮の道など食物伝播のルートを調査取材し、日本食文化の伝承に光をあてる。〈解説〉森枝卓士
206071-5

こ-30-1
奇食珍食
小泉武夫
蚊の目玉のスープ、カミキリムシの幼虫、ヒルのソーセージ、昆虫も爬虫類・両生類も紙も灰も食べつくす、世界各地の珍奇でしかも理にかなった食の生態。
202088-7

し-15-15
味覚極楽
子母澤寛
〝味に値無し〟——明治・大正のよき時代を生きた粋人たちが、さりげなく味覚に託して語る人生の深奥を聞書き名人でもあった著者が綴る。〈解説〉尾崎秀樹
204462-3

た-30-6
鍵 棟方志功全板画収載
谷崎潤一郎
妻の肉体に死をすら打ち込む男と、死に至るまで誘惑することを貞節と考える妻。性の悦楽と恐怖を限界点まで追求した問題の長篇。〈解説〉綱淵謙錠
200053-7

た-30-7
台所太平記
谷崎潤一郎
若さ溢れる女性たちが惹き起す騒動で、千倉家のお台所はてんやわんや。愛情とユーモアに満ちた筆で描く抱腹絶倒の女中さん列伝。〈解説〉阿部　昭
200088-9

た-30-10
瘋癲《ふうてん》老人日記
谷崎潤一郎
七十七歳の卯木は美しく驕慢な嫁颯子に魅かれ、変形的間接的な方法で性的快楽を得ようとする。老いの身の性と死の対決を芸術の世界に昇華させた名作。
203818-9

た-30-11
人魚の嘆き・魔術師
谷崎潤一郎
愛親覚羅氏の王朝が六月の牡丹のように栄え耀いていた時分——南京の貴公子の人魚への讃嘆、また魔術師と半羊神の妖しい世界に遊ぶ。〈解説〉中井英夫
200519-8

た-30-13
細雪（全）
谷崎潤一郎
大阪船場の旧家蒔岡家の美しい四姉妹を優雅な風俗・行事とともに描く。女性への永遠の願いを〝雪子〟に託す谷崎文学の代表作。〈解説〉田辺聖子
200991-2

各書目の下段の数字はＩＳＢＮコードです。978－4－12が省略してあります。

た-30-18
春琴抄・吉野葛
谷崎潤一郎
美貌と才気に恵まれた盲目の地唄の師匠春琴。その弟子佐助は献身と愛ゆえに自らも盲目となる——代表作『春琴抄』と『吉野葛』を収録。〈解説〉河野多恵子
201290-5

た-30-25
お艶殺し
谷崎潤一郎
駿河屋の一人娘お艶と奉公人新助は雪の夜駈落ちした。幸せを求めた道行きだった筈が……。芸術とは何かを探求した「金色の死」併載。〈解説〉佐伯彰一
202006-1

た-30-27
陰翳礼讃
谷崎潤一郎
日本の伝統美の本質を、かげや隈の内に見出す「陰翳礼讃」「厠のいろいろ」を始め、「恋愛及び色情」「客ぎらい」など随想六篇を収む。〈解説〉吉行淳之介
202413-7

た-30-54
夢の浮橋
谷崎潤一郎
夭折した母によく似た継母。主人公は継母への憧れと生母への思慕から二人を意識の中で混同させてゆく。谷崎文学における母恋物語の白眉。〈解説〉千葉俊二
204913-0

た-31-1
倚松庵《いしょうあん》の夢
谷崎松子
おくつきにともに眠らん日をたのみこのひととせは在り経しものを——谷崎潤一郎への至純の愛と献身に生きた夫人が、深い思いをこめて綴る追慕の記。
200692-8

た-33-9
食客旅行
玉村豊男
香港の妖しい衛生鍋、激辛トムヤムクンの至福、干しダコとエーゲ海の黄昏など、旅の楽しみイコール食の愉しみだと喝破する著者の世界食べ歩き紀行。
202689-6

た-33-11
パリのカフェをつくった人々
玉村豊男
芸術の都パリに欠かせない役割をはたし、フランス文化の一面を象徴するカフェ、ブラッスリー。その発生を克明に取材した軽食文化のルーツ。カラー版
202916-3

た-33-20
健全なる美食
玉村豊男
二十数年にわたり、料理を自ら作り続けている著者が、客へのもてなし料理の中から自慢のレシピを紹介。食文化のエッセンスのつまったグルメな一冊。カラー版
204123-3

た-33-21
パリ・旅の雑学ノート カフェ／舗道／メトロ
玉村豊男
在仏体験と多彩なエピソードを織り交ぜ、パリの尽きない魅力を紹介する。'60～'80年代のパリが蘇る、ウィットとユーモアに富んだ著者デビュー作。
205144-7

た-34-5
檀流クッキング
檀一雄
この地上で、私は買い出しほど好きな仕事はない——という著者は、人も知る文壇随一の名コック。世界中の材料を豪快に生かした傑作92種を紹介する。
204094-6

た-34-6
美味放浪記
檀一雄
著者は美味を求めて放浪し、その土地の人々の知恵と努力を食べる。私達の食生活がいかにひ弱でマンネリ化しているかを痛感せずにはおかぬ剛毅な書。
204356-5

た-34-7
わが百味真髄
檀一雄
四季三六五日、美味を求めて旅し、実践的料理学に生きた著者が、東西の味くらべはもちろん、その作法と奥義も公開する味覚百態。〈解説〉檀 太郎
204644-3

た-46-8
つづりかた巴里《パリ》
高峰秀子
「私はパリで結婚を拾った」。スター女優の座を捨て、パリでひとり暮らした日々の切ない思い出。そして人生最大の収穫となった夫・松山善三との出会いを綴る。
206030-2

ち-3-54
美味方丈記
陳舜臣
陳錦《きん》墩《とん》
誰もが食べられるものをおいしくいただく。「食」を愛してやまない妻と夫が普段の生活のなかで練りあげた楽しく滋養に富んだ美味談義。
204030-4

つ-2-12
味覚三昧
辻嘉一
懐石料理一筋。名代の包宰、故、辻嘉一が、日本中に足を運び、古今の文献を渉猟して美味真味を探究。二百余に及ぶ日本食文化と味を談じた必読の書。
204029-8

と-21-1
パリからのおいしい話
戸塚真弓
料理にまつわるエピソード、フランス人の食の知恵など、パリ生活の豊かな体験をもとに〝暮らしの芸術〟としての家庭料理の魅力の全てを語りつくす。
202690-2

各書目の下段の数字はＩＳＢＮコードです。978－4－12が省略してあります。

と-21-4
私のパリ、ふだん着のパリ
戸塚真弓
露天市場やガラクタ市の魅力、フランス式おいしい紅茶の淹れ方、美術館を楽しむ法……パリ生活二十余年、毎日の暮らしから見えてきた素顔の街の魅力。
203979-7

と-21-5
パリからの紅茶の話
戸塚真弓
パリに暮らして三十年。フランス料理とワインをこよなく愛する著者が、五感を通して積み重ねた、歴史と文化の街での心躍る紅茶体験。〈解説〉大森久雄
205433-2

と-21-6
パリの学生街　歩いて楽しむカルチェ・ラタン
戸塚真弓
歳月を経た建物の柔和な表情、ローマ人の支配の痕跡、美術館、大学、教会、書店、露店市……。おおらかな風が吹き抜けるカルチェ・ラタンの素顔の魅力。
205726-5

は-45-5
もっと塩味を！
林真理子
美佐子は裕福だが平凡な主婦の座を捨てて、天性の味覚だけを頼りにめくるめくフランス料理の世界に身を投じるが……。ミシュランに賭けた女の人生を描く。
205530-8

ほ-12-3
草の上の朝食
保坂和志
猫と、おしゃべりと、恋をする至福に満ちた日々を独特の文章で描いた、『プレーンソング』続篇。夏の終わりから晩秋までの、至福に満ちた日々。
203742-7

ま-17-13
食通知ったかぶり
丸谷才一
美味を訪ねて東奔西走、和漢洋の食を通して博識が舌上に転がすは香気充庖の文明批評。序文に夷齋學人・石川淳、巻末に著者がかつての健啖ぶりを回想。
205284-0

よ-17-12
贋食物誌《にせしょくもつし》
吉行淳之介
たべものを話の枕にして、豊富な人生経験を自在に語る、洒脱なエッセイ集。本文と絶妙なコントラストを描く山藤章二のイラスト一〇一点を併録する。
205405-9

わ-23-1
中国人の「超」歴史発想　食・職・色
王《わん》敏《みん》
今、何かと話題の中国を、食文化、職業、色の三つのテーマで謎解き。五〇〇〇年かけて形成された中国人特有の発想法とは。誤解と無理解は互いに大損。
205748-7